学校教育と道徳教育の創造

吉田武男・相澤伸幸・柳沼良太 著

講座 現代学校教育の高度化　小島弘道 監修　23

学文社

執筆者

吉　田　武　男	筑波大学	第3章
相　澤　伸　幸	京都教育大学	第1章
柳　沼　良　太	岐阜大学	第2章

監修にあたって

　現代の学校は，社会のドラスティックな変化を前に，その社会に生きる上で直面する様々な課題に向き合い，解決して自分なりの生き方を選択，設計，実現するための「生きる力」の育成ほか，知識基盤社会など社会の新たなかたちに対応しうる人材を育成することが期待されている。その担い手としての教師をどう育成し，かつその質をどう高めるかは喫緊の課題であることは異論のないところだろう。これまで教員養成に対しては主として学部レベルの知や技の在り方を探り，さらに現職研修の充実によって対応してきた。しかし近年，教職大学院の設置や既存の教育系大学院の改革により教員を養成することに強い関心を寄せてきている教育政策からは，今後の教員養成は大学院レベルで行うことが望ましいとする方向が見え隠れする。しかし，それは教師の一部に限ってそうしようとするものであるばかりか，その大学院でいかなる知と技によって優れた教師を育成するかについては，その制度設計も含め，改善，改革すべき課題が山積し，その多くは今後に残されたままである。

　またそこでめざす職業人としてのかたちが「高度専門職業人」であるとされながらも，そこでの教師像，力量，そのために必要な育成や養成のシステムなどについて明確にされているというにはほど遠いというのが現実である。

　高度専門職業人としての教師であるためには，次の３つの知が不可欠だと考えられる。

- ●専門性の高度化を持続させる知
- ●専門性を成熟させる知
- ●専門性を学校づくりに生かす知

　高度専門職業人であることは，高度な専門性を追究し，その分野のスペシャリストとして自らの教職キャリアを選択する方向，また求められるならばこれまで培ってきた専門性を基盤としてそれを学校づくりに生かすという教職キャ

リアを選択する方向があるだろう。そのいずれの方向であれ,「高度」というものがつきまとい,その実体を身に付けた教師であることが求められている。専門性は今や膨らみを持たせて語ることが重要である。授業実践にとどまらず,学校づくりにつながる授業実践の視野が求められる。その意味でも「専門性を学校づくりに生かす知」という視点は不可欠だと思う。その際,期待する教師像は「考える教師」,つまり「省察,創造,実践する教師」に求めたい。

　高度専門職業人としての教職に必要な知のレベルは「大学院知」としてとらえたい。この内実を明確にし,その知を実践に即して振り返り,その知を進化,発展させ,さらに新たな知を創造すること,それを教育実践と学校づくりとの関連で相互に生かす知として編集することができる力量の育成を通して,教職を名実共に成熟した専門職にまで高め,その専門性を不断に進化,成熟させるにふさわしい力量を備えた教師を育成する知を解明することが大切である。高度専門職業人であるための知は,大学院修了の資格を有しているか,いないかにかかわらず,その水準を「大学院知」に設定したい。そうした知の育成,展開をめざした研修でもありたい。さらに言えば本講座を通して「大学院知」のスタンダード,スタンダードモデルを創造し,発信するメッセージとなれば幸いである。

　本講座を構成する知は,①知識基盤テーマ群,②学校づくりテーマ群,③教育実践テーマ群,④教育内容テーマ群,の4群から構成した。各巻における編集・執筆の観点は,テーマをめぐる,①問題・課題の状況,②これまでの,そして現在の,さらにこれから必要とされる考え方や知見,③学校づくりや学校変革への示唆,である。

　本講座の趣旨にご理解をいただき,出版の機会を与えていただいた,学文社の三原多津夫氏に敬意と感謝を申し上げる。

　　　　　　　　　　　　　　　　　　　　　　　監修　小島　弘道

まえがき

　わが国に，教科でもない「道徳の時間」という特別な領域が小学生と中学生の時間割表に登場してから，早いものでもう50年以上が過ぎ去った。その成果はどうであったか。いわゆる第三者的な立場の教育関係者や一般人にたずねれば，「成果はあがっていない」という回答が即座に戻ってくるであろう。

　もちろん，その間，「道徳の時間」を中心に，学校の道徳教育をよりよく改善しようと良心的に努力した人たちが，教育現場をはじめ，大学や教育行政機関においていたはずである。また，文部省（現文部科学省）も，その情況を改善するために，さまざまな方策を講じてきた。特に文部省は，教育現場の混乱のなかで「道徳の時間」を特設したという経緯もあって，これまでに並々ならぬ努力を重ね，いくつかの具体的な方策を実行に移してきた。そうした教育行政的な努力や工夫の軌跡は，学習指導要領における記述内容の変遷に顕著に現れている。すなわち，そこでの道徳教育に関する記述は，昭和33年版を境に一気に増え，教育の現代化や「ゆとりと充実」や「生きる力」などのその時々の大きな方針転換があっても，基本的に増加している。そこには，道徳教育の改善に向けての教育行政側の熱意が垣間見られるのである。

　しかし，教育現場における道徳教育は，教育行政側からのさまざまな指導や助言や規制にかかわらず，いっこうに大きな改善を示すに至っていない。特に，第3章で指摘するように，道徳教育が本来の意図から逸脱して，むしろ歪んだ方向に進み，劣化の一途をたどっている，というような事態も目につきはじめている。そろそろ，根本的な道徳教育の改革と，それにともなう発想の転換が必要な時期に至っているのではないか。

　そのためには，学習指導要領やその解説の内容を踏まえつつも，道徳教育のあり方について，近視眼的に見るのではなく，より広い視野からより深く思索

することが重要条件となる。具体的には，道徳や倫理などの基本概念の理解とともに，これまでの人類史のなかで問い続けられてきた道徳のとらえ方の特質について，そして同じく長年にわたって模索し続けてきた道徳教育の理論や実践の特質についての理解がとりわけ重要である。そのうえで，高度専門職業人としての教師は，教育現場において直面する諸課題に取り組み，新たな実践活動を自ら創造的に積み重ねるなかで，わが国における新たな道徳教育の未来を拓いていくべきであろう。本書は，そうした実践的な取り組みの質的な発展に，少しでも知的に寄与できることを願って著されたものである。それゆえ，この一冊には，道徳および道徳教育に関連する基本的な考え方から学術的な最前線までの知見が，著者の個人的な主張とともに豊富に包含されている。

　特に道徳教育については，周知のように，価値観（世界観や人間観など）によってさまざまな立ち位置が存在する。そのために，唯一絶対的な道徳教育の理論や実践は出現されえない。つまり，各論者の立場を超越した普遍的な道徳教育学は簡単には樹立されえないのである。その意味では，道徳教育の専門分野に属する本書も，好むと好まざるにかかわらず，その宿命から逃れることはできないであろう。したがって，3人の論調や表記をはじめ，主張や提言が異なるところもあるが，大きな誤りでないかぎり，それはそれでよいことにし，その賛否については読者一人ひとりの判断と理解にゆだねることにした。言い訳になるかもしれないが，各著者に対して「角を矯めて牛を殺す」の喩えにならないことが配慮された。その結果，読者には，3人の言説が，部分的に混乱している印象を読者に与えるかもしれないが，それこそが生きた道徳教育の証であり，ただただ三重奏的に，「新しい道徳教育を構想する」ための共鳴になること，そしてその構想の踏み台になることを願うのみである。

　2010年9月16日

第23巻著者代表　吉田　武男

目　次

監修にあたって
まえがき

第1章　道徳教育における始原への遡及―――7

序　小鳥のさえずりを人間の言葉へ　7
第1節　現代から古代ギリシアへの遡及――2300年前の話　10
　　1　倫理と道徳の関係　10
　　2　公共性＝ポリスの大切さ　14
　　3　習慣＝エトスの大切さ　21
　　4　言葉＝ロゴスの大切さ　27
第2節　現代から明治の日本への遡及――100年前の話　32
　　1　和辻の問い　32
　　2　日本におけるアカデミズムの成立　33
　　3　明治期における道徳教育の導入　36
　　4　学校における道徳教育の徹底化　40
第3節　多様な道徳教育観の創造――現在そして未来の話　43
　　1　社会性と個性という座標軸　43
　　2　道徳教育の条件　48

第2章　新旧の道徳授業の理論と実践―――58

序　生きる力を育む道徳教育の現状と課題　58
第1節　従来の道徳授業の長所と短所　63
　　1　戦前・戦後の道徳授業　63
　　2　心情把握型の道徳授業　65
第2節　新しい道徳授業の特徴と課題　71
　　1　新しい道徳授業の登場　71
　　2　デューイの道徳教育論とプラグマティズム　72
　　3　価値の明確化　74

4　モラル・ジレンマ・ディスカッション　79
　　5　構成的グループ・エンカウンター　82
第3節　道徳授業の「第三の道」　85
　　1　価値の伝達か創造か　85
　　2　統合的道徳教育の試み　87
　　3　新しい人格教育の登場　89
　　4　問題解決型の道徳授業の可能性　92
　　5　学習指導過程の検討　95
　　6　問題解決型の課題とその対応　99
第4節　今後の道徳授業の改善に向けて　102
　　1　学習環境の整備　102
　　2　道徳授業と特別活動の連携　104
　　3　道徳教育の内容項目　107
　　4　道徳授業の拡充に向けて　109

第3章　「心の教育」からの脱却とわが国の道徳教育の再構築　114

序　批判から創造へ　114
第1節　道徳教育から「心の教育」へ——その時代的背景　117
　　1　「心の教育」の過剰期待のはじまりとその後　117
　　2　「心の教育」を拡散させる社会風潮　122
　　3　学校の心理主義化　125
第2節　道徳教育の心理主義化　128
　　1　学習指導要領の改訂　128
　　2　外国の道徳教育理論の輸入　136
　　3　『心のノート』の出現　139
第3節　道徳教育の再構築へのヒント　148
　　1　社会科を中心とした道徳教育　148
　　2　NIEによる道徳教育　150
　　3　同和教育・人権教育による道徳教育　152
　　4　シティズンシップ教育による道徳教育　156
第4節　道徳教育の再構築に向けての提案　158
　　1　「道徳の時間」の呪縛からの脱却　158
　　2　道徳教育に対する意識改革　165
　　3　道徳教育の中核としての「日本文化の時間」の創設　171

索　引　181

第1章　道徳教育における始原への遡及

序　小鳥のさえずりを人間の言葉へ

　小中学校の教員免許状を申請するために必要な大学の単位のうち，道徳教育に関する必修単位は2単位である。そのためほとんどの大学では90分の講義が15回行われ，それで道徳教育に関する科目は終わりである。そのかぎられた回数のなかで，道徳とは何かといった道徳概念の明確化，いわば概念規定から始まって，道徳の授業方法や指導案や指導内容などを扱うことが多い。
　そしていざ講義を始めてみると，最初の「道徳」概念の説明でさっそく戸惑ってしまう。というのも，類似する概念として「倫理」という概念があるが，道徳は倫理とどのような違いがあるか，それをはっきりさせることは意外と難しく，同じように道徳と徳はどのような関係にあるかなど，悩み出すときりがないからである。
　実際に書籍をいくつか繙いてみても，この素朴な疑問に対して明確な答えを提示している書籍は少ない。和辻哲郎の『人間の学としての倫理学』を引用しつつ「倫」や「道」の漢字の成り立ちなどから説明している本はまだ詳しい方である。国語辞書をそのまま引用して終わらせているものもある。しかし，いろいろな定義を読んだところで，はっきりと違いがわかるわけでもなく，違和感だけが残ってしまう。そして調べているなかで，興味深い応答に出会った。環境経済・政策学会での質疑応答の様子を記述したものであるが，エシックス（倫理）の定義とモラル（道徳）の定義はどのように違うのかという質問が出され，発表者の倫理学者・川本隆史は口頭で次のように答えた。その言葉は簡にして要を得ているので紹介したい。

「エシックスとモラルの関係ですが，確かに語源はともに慣習・しきたりでして，これを倫理／道徳と訳し分けるようになった事情については，日本の翻訳文化とアカデミズムの成立史を調べないと解明できません。」[1]

続けて川本隆史は，この質問によって反省させられたと感想を述べている。というのも，倫理学などの研究者は，もはやエシックスもモラルも何気なく使っているものの，それはある意味，ジャーゴンつまり難解な専門用語のようになっているからであり，それを専門家どうしでしか通用しない術語とせずに，問い続けなくてはならないと決意までしている。

この反省は研究者だけにかぎったことではなく，すべての人にあてはまるのかもしれない。以前，中学1年生の「道徳の時間」の授業を見る機会があった。そのとき教師は気軽に，「モラルって何？」という問いかけをしたが，それに対し中学生も戸惑うことなく応じていた。モラルの意味を尋ねるにしては，中1という学年は早過ぎるのではないかという当方の勝手な予想に反して，生徒が次々と答えていくその状況に接して，モラルという言葉がいつの間にか広く人口に膾炙していることを実感したのである。しかし，あらためてその言葉を問い詰めるならば，先の川本の言葉にもあらわれているように，じつは専門家をも悩ます難問である。中学生が戸惑わずに応じることができながら学者をも悩ますという矛盾がおきるのはいったいなぜなのか。

その手がかりを求めて考察した結果，本章がたどり着いた先は，2300年以上前の古代ギリシアであった。

倫理学あるいは道徳学研究の出発点は，古代ギリシア，特にプラトン（Platon）とアリストテレス（Aristoteles）であることに異論を唱える者はほとんどいない。そうはいっても，現代の道徳教育を考察しようとするのに際してなぜ彼らを扱うのか。21世紀の現代において，いまさら2300年以上前のことなど役に立つのか，などという質問を受ける。これはプラトンやアリストテレスにかぎったことではないが，一般にわれわれは何かを論じようとする前に，どうしてもその論考の有効性・有用性を，いわば弁解するかのように記述しようとする。古代ギリシアを扱う場合などは特にその傾向がある。しかし，道徳教育を論じる

には，プラトンやアリストテレスを外すことはできない。理由は単純である。彼らこそが道徳を考察した最初の人物の一人であり，それが史実である以上，欧米におけるこれまでの道徳論についての長い歴史において，あるいは今日のわれわれが道徳と対峙しようとする場合にも，つねにプラトンやアリストテレスが存在していたからである。

　まず，アリストテレスの師であるプラトンが論じた道徳教育とは，人間の徳性は，教えることができるものなのか，あるいは訓練によって身につけさせるものなのか，あるいは生まれつきの素質によるものなのかということである。これらは，ソクラテス（Sokrates）に対する問いから始まるものであり，その様子を描いたプラトンの『メノン *Menon*』はよく知られている。さらにその質問への答えは，徳が何であるか知らないうちはその教育可能性については言及できないという彼らしい答えであった。ソクラテスやプラトンの段階での道徳教育の議論はこのようなシンプルなものである。それは，徳そのものの存在的な問いかけであり，徳とは何かについての原初的な議論であることによる。

　次に万学の祖であるアリストテレスは，先行するソクラテスやプラトンの議論をふまえているので，その考察は先人たちと比べて進展しており，たんなる徳とは何か，そして教えることができるのかという問いではなく，その次の段階を論じている。その状況ゆえに，プラトンではなくアリストテレスから出発する論考も多い。アリストテレスの場合，議論がより深められ，さらには多方面からの考察が行われているのが特徴である。たとえば「われわれはせめてその輪郭だけでも，このような『善』が何であるか，また，それがいかなる学問とか能力とかに属するものなるかを把握することを試みなくてはならない。」(1094a25-26)[2]と語るアリストテレスに対して，欧米の道徳教育思想史とはすなわち，彼の道徳教育論に対する受容あるいは挑戦なのであり，古来多くの哲学者，倫理学者，教育学者によって試みられている論争であり，その軌跡をたどることは，道徳教育そのものを省察する試みでもある。それゆえ，道徳教育の始原を論じようとする本章の試みにあたって，アリストテレスに言及するのは当然のことであり，それが出発点となる。

こうして本論に入ろうと思うが、最後に一つだけ補足したいことがある。それは先ほど出てきた「ジャーゴン」という言葉の意味である。その語源は中世フランス語のjargonであり、もともと「小鳥のさえずり」を意味していた。小鳥のさえずりはわれわれの耳に心地よいものであるが、当然、小鳥が何を話しているのかわからない。そこから今日、難解な表現や、仲間たちにしか通用しない専門用語のことをジャーゴンと呼ぶようになった。道徳教育についての言説が小鳥のさえずりであっては困るのであり、何としても人間の言葉で語っていかなくてはならない。そして、たとえ自明なものであっても、問い続ける姿勢をもつことこそが、学問の使命の一つなのである。

第1節　現代から古代ギリシアへの遡及——2300年前の話

1　倫理と道徳の関係

さて、道徳について詳しく知るためにはその概念を明確にする必要があり、まずは「エシックス ethics」と「モラル moral」の意味するところを把握しなければならないが、この二つの語源は同じだということはよく知られた事実である。概念規定が錯綜する場合は、その起源へと遡及するのが常套手段であるので、その語源の問題に着目して考えてみたい。そこで古代ギリシアまで遡り、「倫理」と「道徳」の原語である ethics と moral [3] の意味内容から、二つの関係を探る。

英語 ethics（ドイツ語 Ethik、フランス語 éthique）の語源は、ギリシア語のエチカ（ethika）である。ヘブライ語には ethics に相当する語はないといわれている。ギリシア語のエチカあるいはエトス（ethos）を辞書的に日本語に直すと、風習、習慣、伝統的慣例、しきたり等であり、英語で表現するならば custom あるいは habit が適当である。同じく、moral あるいは morality の語源は、ラテン語のモレス（mores ＝ 単数形 mos）あるいはモラリス（moralis）である。モレスは、習慣、習俗、風習、外見、うわべ、立場という意味である。

こうして語源を調べて並べてみると、ethics も moral もどちらも語源は「習

慣」に関連する意味であり，異なるのは，ギリシア語を出自としているか，あるいはラテン語を出自としているかの違いなのである。つまり，日本語としての倫理と道徳と訳し分けられている ethics と moral は，その源流においては同一で，習慣という概念を意味する言葉であるという事実にいたる。そして ethika と mores はギリシア語とラテン語という別言語ゆえに語形が異なると思われるかもしれないが，じつはラテン語 mores は，ギリシア語 ethika が翻訳された言葉である。ということは，ethika と mores は分岐したのではなく同一系譜上にあるもので，ギリシア語 ethika がラテン語 mores に変化しただけという単純な話である。

しかし今日，たとえば英語のような同一言語内で，ethics と moral という二つの概念ができあがり，それが併存しているとなると，単純であるはずの話が不思議な様相を呈している。なぜなら，あとで詳しく述べるような日本の翻訳文化とアカデミズムの成立に関する問題以前に考慮しなくてはならないことが生じるからである。はたして，ヨーロッパで習慣を意味する ethika と mores がそれぞれ ethics と moral と訳され，しかもそれが別の意味をもつものとして併存していた背景には，どのような原因があるのだろうか。それを解く鍵は，アリストテレスの『ニコマコス倫理学 Ethica Nicomachea』にある。

『ニコマコス倫理学』第2巻1章で語られている部分（1103a14-18）は，倫理学や徳論の多くで言及されるもっとも重要な箇所の一つである。そこでは「倫理的卓越性は習慣づけに基づいて生ずる。『習慣』『習慣づけ』（エトス）という言葉から少しく転化した倫理的（エーティケー＝エートス的）という名称を得ている所以である」[4]と語られている。また，これまでの長年にわたる先行研究の成果から，個々人の性格に関するレベルでは習慣や習慣づけを意味するエトス（ethos）が用いられ，それが社会など集団的な性格に関するレベルでは，倫理を意味するエートス（ēthos）が用いられると説明する文献が多い。しかし実際，明確に訳し分けることは難しい。『ニコマコス倫理学』の訳者も同様で，英訳したラックハム（Harris Rackham）もこの二つを「類似した単語」[5]であると語り，また日本語訳した高田三郎も，エートスは心術，倫理的心情，倫理

性，道義性，人となり，心ばせ等の日本語をあてはめることはできるが，どれも不完全であり，ほとんど訳出の不可能なギリシア的概念であると註釈で語っている(6)。先ほど，ethika あるいは ethos を風習，習慣，伝統的慣例，しきたりと訳したが，それは Liddell & Scott の *Greek-English Lexicon* を参考に訳している。だが，たとえ訳せたとしても，それ以上に ethika や ethos の語義研究は，概念規定の困難さに直面するということがわかっていただけるだろう。

　出発点からして，多少の混乱があったのであるから，時代とともに概念的な差異が生じることは火を見るより明らかである。だが，それに追い打ちをかけているのは，このギリシア語からラテン語に翻訳される過程において，ある種の混乱があったのではないか，という指摘である。たとえば，現代の倫理学者であるトゥーゲントハット（Ernst Tugendhat）は，個々人の性格に関するレベルの「エトス ethos」と，社会や集団に関するレベルの「エートス ēthos」という二つの言葉について，ギリシア語からラテン語に翻訳される際に片方だけしか意味が込められなかったので，翻訳ミス（Übersetzungsirrtum）であると断定している。

　　「アリストテレスはみずからの道徳理論の諸研究を，それはのちに『倫理学 Ethiken』と呼ばれることとなるが，『ēthe について』つまり『性格的特質について』の研究と呼んでいた。なぜなら善悪の（いわゆる徳と悪徳についての）性格的特質の記述が，この諸研究の本質的な構成要素を成していたからである。『倫理 Etik』という言葉の由来は，われわれが『倫理 Etik』として理解していることとは，何の関係もない。その後，ギリシア語の *ēthikos* は，ラテン語で *moralis* と翻訳されたが，*mores* とはもろもろの慣習あるいは習慣を意味する。これはまたもわれわれの倫理や道徳についての理解と対応していない。そのうえさらに，ここにはある翻訳ミスが生じている。アリストテレス倫理学では，性格的特質という意味の（長いeの）*ēthos* だけでなく，習慣という意味の（短いeの）*ethos* もまたあり，この後者の言葉こそ，ラテン語の翻訳と一致するのである。

　　ラテン語で記述された哲学では，*moralis* という語はやがて一つの専門

用語となり，そこではもはや習慣ということにはまったく考慮されておらず，『道徳的 moralisch』というわれわれと同じ意味で使われるようになった。」(7)

すなわち，ギリシア語では長母音の ēthe と短母音の ethe の二つの単語があり，それぞれ意味は異なっていた。『ニコマコス倫理学』をよく読めばわかるのであるが，アリストテレスは性格的特質を意味する長母音の ēthe と，習慣を意味する短母音の ethe を用いており，それが後世において混同されるようになり，さらにはその区別もなく二つのものがラテン語の moralis 1 語で表現されたというのである。事実，ラックハムあるいはロス（William David Ross）による『ニコマコス倫理学』の英訳では，11 頁で引用した第 2 巻 1 章の「エーティケー ēthikē」を，性格的特質というニュアンスを含めずに，たんに moral と訳している(8)。

これはトゥーゲントハットだけの独創的な主張ではなく，翻訳ミスとまでは断定していなくても，よく指摘されている。高田三郎も『ニコマコス倫理学』の解説のなかで，表題にある倫理学という言葉と，そこで語られている内容についての違和感を語っている。要約すると，『ニコマコス倫理学』と呼ばれているこの書物のなかに，倫理学にあたる「ヘー・エーティケー hē ēthikē」が，倫理学という意味に用いられている箇所はなく，したがって倫理学という言葉は本書の題目としてふさわしくないというのである(9)。『ニコマコス倫理学』で議論され語られていることは，アリストテレスの表現を借りるならば，「タ・エーティカ ta ēthika」という中性形形容詞の複数形であり，これは「エートス的なもろもろのことがら」という意味である。ここでのエートスも，心術，倫理的心情，倫理性，道義性，人となり，心ばせなどさまざまな意味をもつ言葉であることはすでに述べた通りであるから，かなり明確に訳しにくい概念であることに変わりはない。つまり，「タ・エーティカ ta ēthika」＝ ēthe（性格特徴）に関する研究＋ ethe（習慣）に関する研究ということになるであろう。

こうして，ethics と moral の語源に足を踏み入れたとたん，われわれを待ち受けているのは言葉の迷路である。ラテン語への翻訳の問題，誤訳の疑惑，概

念の経年変化といった，一つでも大きな問題となりうるものが幾重にも重なり，そして何千年も経過することで，絡まって解きがたくなっている。こうした状況は，今日のわれわれがプラトンやアリストテレスなどの古代ギリシア哲学について学ぶことを難しくしている一因ともなっている。それゆえ，トゥーゲントハットはethicsとmoralの語義の相違についての考察を，「倫理（Ethik）と道徳（Moral）の相違がどこにあるかという問いは無意味である。それはまるでノロジカ（Rehen）とシカ（Hirschen）の相違はどこにあるかと問うているように聞こえる」[10]と，大胆にばっさりと切り捨てている。

しかし，わたしはこの問いが無意味ではないと思っている。なぜなら，川本の決意と同じで，エシックス（ethics）やモラル（moral）といった用語を何の疑いのない自明なものとして片づけるのではなく，われわれは絶えず問い続け，考察しなくてはならないと思っており，それこそが人間の本性の一つで，学問の役割でもあるという認識をもっているからである。困難でわかりにくい行程になると予想できるが，手がかりは残されている。いままであげてきた，ラテン語への翻訳の問題，誤訳の疑惑，概念の経年変化などを理解しさえすれば，古代ギリシア思想には，現代のわれわれにとって参考になることが多くある。アリストテレスの浩瀚の書のなかには成立時の事情が不明なものも多いことは確かであるが，現在伝わる書籍の内容を詳細に検討することは，道徳教育に関してさまざまな示唆を与えてくれる。いやむしろ，再考察を経ずして道徳教育を語ることはできない。

そのような認識のもとで考察を続けようと考えているが，その際，本節でこれから注目するのは，「公共性」と「習慣」と「言葉」である。どれも今日の道徳教育にとって大事な価値であり，これについて古代ギリシア思想を参考にしながら再検討することにするが，その過程で古代ギリシア思想の豊穣さが伝わることを期待している。

2　公共性＝ポリスの大切さ

たとえば，今日の道徳教育では「公共性」の重要性が叫ばれる。遵法精神や

社会正義などのような社会全体にかかわる普遍的なものから、ルールやマナーといった身近なものまで、公共性が大切であると考えることに異論はないであろう。ではいったい、公共性を育成する教育というのはいつからあったのだろうか。20世紀に入ってからだろうかなどと考えてしまうが、じつはもっと古い。2300年以上前から始まっていたのである。

　アリストテレスが『政治学 Politica』において「人間は本性的にポリティコン・ゾーオン（politikon zōon）である」（1253a2-3）[11]と定義したことはあまりにも有名である。politikon とは綴りからもわかる通り、共同体であるポリスの人（politēs）にかかわることを意味し、zōon とは総体的な生命（zoe）にかかわることである。この politikon zōon をとりあえず「ポリス的動物」と訳しておくが、彼のこの有名な人間観が、道徳教育においてもベースとなっている。そのベースとなる定義が導き出される背景を確認するために、『政治学』の第1巻を繙き、共同体としての国家の形成過程をまとめてみる。ここから、アリストテレスのいうポリス＝国とはどのようなことを指しているか考えていきたい。

　アリストテレスは人間の本性として、お互いに助け合う必要があるものは一対となることが必然であり、その一対が共同体（koinonia）を構成することになるという。これによって人は他の人から孤立的に存在するのではなく、何らかの共同体とかかわる存在であることが示唆されている。その最初の一対＝共同体としてアリストテレスがあげるのは、やはり男性―女性の共同体と支配者―被支配者の共同体の二つの共同体であり（1252a26-34）、「これら二つの共同体から先ず最初のものとして家が生じてくる」（1252b9-10）ことになるのだが、それは「日々の用のために自然に即して構成せられた共同体」（1252b12-14）という性格をもっている。一方で、「日々のではない用のために一つ以上の家から先ず最初のものとして出来た共同体」（1252b15-16）もあり、それが村（kome）となる。つまり、日常的で私的な領域において成立した共同体が家（oikia）であり、家々から派生した共通領域において成立した共同体が村ということになる。そしてこの村々が、過不足なく自足（autarkeia）できる限界まで集まり、

善き生活（eu zēn）を営むために形成するのが国家（polis）である。国家は、ただたんに群れることとは異なり、共同体の終極目的（telos）である（1252b27-1253a1）。そもそも、もろもろの目的はその本性（physis）から生じており、しかも善（agathon）の性格をもつと考えられているので、究極的（teleios）な目的が、最高善（to ariston）であるのは当然の帰結である（1097a25-28）。自足していないこと、つまり多過ぎたり少な過ぎたりする状態は何らかの欠落状態を意味しているので、完全な自足により完成した国家は終極目的であり、究極的であるがゆえ最高善であり、したがって何よりもそれは幸福（eudaimoniā）でなければならない。

「自足という点からもまた、同じことが帰結すると見られる。すなわち、究極的な『善』は自足的であると考えられる。もっとも、自足的といっても自分だけにとって充分であるという意味ではなく、つまり、ただ単独の生活者としての自分にとって充分であるという意味ではないのであって、親や子や妻や、ひろく親しきひとびととか、さらに国の全市民をも考慮にいれた上で充分であることを意味する。人間は本性上市民社会的（ポリティコン）なものにできているからである。」（1097b6-11）(12)

注目すべきは、人々が集まって家族から村へ、村から国へとたんにスケールを大きくしていったことの結果として国が形成されていっただけではなく、国は人間の本性から必然的に最善の結果としてできあがったということである。それゆえに、人間は本性的にポリティコン・ゾーオンであるという定義が導き出されることになる。

さらに、そこで話が終わるのではない。アリストテレスは、はじめに部分があってそれが総和的に集まって全体を構成するのではなく、全体的な概念があってこそ部分が意味をもってくると考えたのである。それは本性的にそのようになっているのであるから、「国や家はわれわれ個々人より先にある」（1253a18-19）という指摘は必然的にそこから導かれる。人から家族や村を経て国家を形成するという小集団の集合的結束の結果が国家を規定するという考え方は、われわれが一般的に想像する国家の形成過程であろう。しかし彼は原因をそれ

だけに限定しなかった。全体的な規定（つまりポリス的なもの）が本性として備わったうえでの人間であることを，紀元前4世紀に主張しているのである。全体があってこその部分であるという主張は，今日でも斬新な意見のように聞こえるかもしれないが，むしろ伝統的な考え方であったことになる。

だが，全体性のみから人間を規定するばかりではない。やはり人間を個としても把持しているのがアリストテレスの特徴なのである。それは次のような記述を読むことによって，個からの理解もまったくないわけではなく，前述の主張と合わせて，個と全体の二つの方向性を理解できるであろう。

「まことに，善は個人にとっても国にとっても同じものであるにしても，国（ポリス）の善に到達しこれを保全することのほうがまさしくより大きく，より究極的であると見られる。けだし，もとより善は単なる個人にとっても好ましきものであるが，もろもろの種族（エトノス）やもろもろの国（ポリス）にとってはそれ以上にうるわしく神的なものなのだからである。われわれの研究はこうしたことがらを希求するものであり，この意味でそれは一種の政治学（ポリティケー）的な研究だといえよう。」(1094b7-11) (13)

したがって，公共性を重視する道徳観はまずもってポリスの観点から考察するのがよい。その根拠の一翼を担っていたのが，傍点で強調してきた人間の本性（physis）(14) という概念である。われわれの現代的視点から，その本性が批判に耐えうるかどうか，論拠としてふさわしいかどうかという疑義は当然予想される。しかし紀元前4世紀の段階において，本性を人間形成全般の理論的担保の一つと考えることは，古代ギリシアの特徴であった。そしてこれこそが「人間は本性的にポリティコン・ゾーオン（politikon zōon）である」(1253a2-3) という定義の根底に横たわっている人間形成論的「重み」である。個々の人間は，国家という全体的な共同体＝ポリスから規定を受けており，その根拠は本性によって賦与されていたのである。

人間の存在，つまり成立基盤を定義づけたものでさえもポリティケーなものと考えていたアリストテレスにとって，道徳もまた個々人の心情に優先して成立するようなものではなく，人間である以上は「多数のひとびとと生を共にす

る」(1178b5)⁽¹⁵⁾ために道徳的な行為を選択しなければならない。それこそが観照的活動（theoretike energeia）であり，その観照的生活（theoritikos bios）が人間をもろもろの行為の目的である幸福（eudaimoniā）へと導いていく。「それゆえ，幸福こそは究極的・自足的な或るものであり，われわれの行なうところのあらゆることがらの目的であると見られる」(1097b20-21)⁽¹⁶⁾のであるから，善く生きることが人間万般の営みの究極的な目的である幸福な生活につながるという理念は，徳（aretē）に即しての活動でなくてはならなかった(1177b9)。したがって，徳と幸福は理念的に一致するのである。プラトンもまた善く生きることが幸福なのであると『国家 Politeia』全体を通じて主張しているが，アリストテレスの場合には，幸福な生活として快楽的あるいは政治的なものも認めつつ，究極的なものは，何らかの観照的な生活ということになる（1095b15-19 あるいは 1178b7-32 など）。

さて，「ポリス的動物」という定義の背景について共同体としての国家の成立過程から説明してきたが，孤独に一人だけが観照的生活を送ったとしてもそれでは幸福にはなりえず，幸福の実現のためには共同体の人々が各々その構成員としてふさわしい振る舞いをしなければならない。そのためにも必要なのが，「国制に向けての教育 paideuesthai」であり，ここに教育の重要性が浮かび上がってくる。

国づくりのうえで教育を重視したのはアリストテレスだけではない。師プラトンもまた同様であり，プラトンの『国家』でも理想国家の設立で重視されたのは教育である。しかし『国家』で語られる教育は，統治者—軍人—生産者という階級ごとに異なる教育だった。その中心となるのは統治者たる哲人の王をどのように教育していくかという教育方法や内容であり，それは選ばれし者に対する帝王学である。金には金の，銀には銀の，鉄・銅には鉄・銅の教育が施され，大部分の人間が所属する下層の人々は倫理的能力をもたない存在であり，欲望に左右される存在であるために，最初から期待されていなかった。小さい頃から優秀な人材が集められ，年齢を上がるにしたがってふるいにかけられ，最後の一人となる王を選抜する。

「そしてわれわれは，こうして子供のときにも，青年のときにも，成人してからも，たえず試練を受けながら無傷のまま通過する者を，国家の支配者として，また守護者として任命し，その人の生前にも，また死後も埋葬の儀式やその他彼を記念する数々のものによる最高の贈物を与えて，これに名誉を授けなければならない。しかし他方，そうでない者は排除しなければならないのだ。」(414A)(17)

これは王になるまで続けられる絶え間ない教育システムであり，それを選抜し教育するのは，前世代の王たちであった。こうして選ばれた王は，善のイデアを体現している哲人である。王は善のイデアを体現している以上，不正や不道徳な振舞いや政策判断の過ちなどを犯すことなどはあ・り・え・ず・，つねに正しく絶対的に善い存在であった。また，統治者の選抜だけに教育が機能していたわけではない。教育によって善くなった人間は，戦争において優秀な兵士としてポリスに勝利をもたらすので，その意味でも軍人階級の教育は重要であるという発言もプラトンは紹介している（641C）。

アリストテレスは，このような師プラトンの考え方から多大な影響を受けつつも，これに疑問を投げかける。アリストテレスは幸福な生活として，快楽的生活も許容している。哲人王のように欲望をすべて捨て去ることができる人間などをはじめから想定していない。事実，プラトンの教育論はあまりにも理想論過ぎて実現できていないし，これからもできないと考えていた。それよりもより現実的な教育思想を考えるべきであるという方針のもとで行き着いたのが，ポリス的動物という定義をベースとした「国制に向けての教育」ということになる。それは，たった一人の哲人のための教育ではなく，ポリスを構成する人々全員に，それぞれが身につけるべき道徳を善い習慣づけによって教育していくことであった。その教育の大切さを，アリストテレスの専門家である岩田靖夫は次のように語っている。

「デモクラシー（中間の国制）を形成しうる市民，すなわち，アリストテレスの語る理想国家の構成員は，理性によって自分自身を律し，また，国家を運営しうる理性的存在者でなければならなかった。すなわち，一言で

言えば，公共的理性を身につけた自律的な市民でなければならない。では，どのようにして，そのような市民は生まれるであろうか。人間を生まれたままに放っておいて，そのような市民が生じうるであろうか。否。そんなことはありえない。それは，ただ，教育によってのみ生まれうるのである。

　教育は，アリストテレスにとって，単なる学校教育を超えて，文化的，社会的，政治的分野のすべてに浸透し，ポリスの体制を形成し維持するために決定的に重要な活動である。それゆえ，教育の役割について明確な理解をもつことは，アリストテレスの政治思想を理解する上での根本的な礎石である。

　紀元前四世紀の文脈で，パイデイア（教育，教養，文化）とは，単なる知的活動ではなく，人間の生き方全体に関わる活動とその成果であった。したがって，パイデイアは，広い意味では，知性，情緒，欲望の全体の陶冶を意味し，子供ばかりではなくて大人にとっても必須の訓練を意味したのである。すなわち，生涯を通じ，心や性格を積極的にかつ弛みなく教化し続けることが，パイデイアであった。」[18]

　すなわち，「教育」を意味する「パイデイア paideia」は，ただ教育機能や教育制度のことだけを指すのではなく，多くの人々とともに生きるということを含意した人間形成そのもののことである。ポリスと教育は，こうして「国制に向けての教育」という方向性で互いの成立に必要な存在となり，つながることとなる。その意味で，ポリスを理解するためには同時に教育に対する理解が必要である。たとえば，『政治学』の解説で訳者の山本は「国は簡単には何団体と呼んだらよいか。敢えて言えば，優れた意味において，『教育団体』である。従って国はその国民のいろいろな徳の涵養を第一の，主要な任務としなければならない」[19]と説明している。このことからも，ポリスにおける教育の重要性は納得できるだろう。

　さらに，プラトンもアリストテレスも教育だけでなく，法律（nomos）によって人々に善き習慣を身につけさせようとしており，その場合，法律はたんなる活動の禁止や抑制や取締りのためにあるのではなく，人間の生き方にかかわ

るものであり，ポリスが存続しているかぎり必要なものである。プラトンが『法律 *Nomoi*』の第1巻や第12巻で述べている通り，法律の目標はただ一つ，徳であった (963A)。

しかし残念ながら岩田の主張では，本節でこれまで述べてきた「国や家はわれわれ個々人より先にある」(1253a18-19) という論調がやや薄まっている。そして全体性の強調を抑えた記述は，存在における相互依存性を浮かび上がらせる効果をもっており，これは，人と人とがかかわり合う共同体であるポリスが先にあるとしても，一人ひとりの個も大切であるという考え方のあらわれにほかならない [20]。それもまた事実である。

以上，人間のポリス的動物という定義や，部分よりも全体を優先する思想から，道徳あるいは教育そして道徳教育を，共同体であるポリスの観点から考察してみた。すると今度は，その逆も考えなくてはならない。つまり，共同体を構成する一人ひとりの個の観点からの考察である。ポリスと個が一方的な規定か，あるいは相互的な規定かも含めて，次は，国家を構成するそれぞれの人々の観点から道徳教育を考えつつ，これまで何度も出てきた「習慣」をキーワードにして考察を続ける。

3　習慣＝エトスの大切さ

最近，小学校では保護者に対して，子どもに朝食をしっかり摂らせるよう指導する。それはあたり前のことであるが，いつからか努力しなくてはならないものへと変わってしまったようである。文部科学省でさえ基本的生活習慣が大きく乱れていることが学習意欲や体力，気力の低下の要因になっているという認識から，「早寝早起き朝ごはん」をついに国民運動として推進し始めたのである。2006年4月には「早寝早起き朝ごはん全国協議会」を立ち上げ，シンボルマークまで作成した。

生活習慣つまり「習慣」は大切である。先ほどまで公共性は大切であると指摘したところであるが，習慣もまた大切であり，これに異議を唱える人は少ないであろう。事実，教育基本法の第10条でわざわざ規定する通り，基本的な

しつけや睡眠時間の確保や食生活の改善といった生活のための必要な習慣を確立することが現代の教育には求められている。このように，習慣を大切にする教育というのはいつからあったのだろうか。20世紀に入ってからだろうか。そんなことを考えてしまうが，じつはもっと古い。この展開は前項と一緒であるが，2300年以上前からそれは始まっていたのである。

先ほど「国制に向けての教育」について述べたが，それに関連してアリストテレスは『政治学』第5巻9章で，ポリス的動物としての人間はどのような教育を行うべきか，そしてなぜそのような教育が必要なのか説明している。

「しかし国制が存続するために，私の語った凡てのことのうちで最も重要なことは，今日凡ての人々に軽んじられているけれど，それぞれの国制に応じて教育がほどこされることである，というのはもし国制の精神によって習慣づけられ教育されていなければ，例えばもし法律が民主制的なものなら，民主制的に，もし寡頭制的なものなら，寡頭制的にそうされていなければ，その法律が最も有益なものであり，凡ての国民によって是認されたものであっても，何ら益するところはないからである。」(1310a12–19)[21]

法律があったとしてもそれが有効に機能するためには，教育によって個々の人々に習慣づけられなくてはならない。したがって，アリストテレスにとって教育とは，国家体制を維持させるために必要な習慣を個々の人々に形成するものであり，もちろんその習慣は善き習慣でなければならず，それこそが，共同体にとっていわば公的な教育システムが必要となる理由である。さらに，習慣づけられる主体は共同体よりも個人である。前項では，ポリス的動物としての人間の道徳に関して，共同体であるポリスの観点から考察したが，いくら個人が全体から規定を受けるにしても，特に道徳に関するならば，それを実践する主体は一人ひとりの個人であり，共同体という全体的な視点のみから語ることができない。これが道徳思想の特徴であり，道徳教育にしても個人レベルで対応する必要がある。アリストテレス自身「個別的な教育にはまた共同的な教育よりもすぐれた点がやはりある」(1180b7–8)[22]と述べていることから，道徳について個人のレベルからも考察しなくてはならない。

全体から個への観点の変更は，主要参照著作の変更ももたらす。ポリスからの観点の場合，『政治学』を参照にすることが多いが，個から論じる場合，『ニコマコス倫理学』を繙くことが多くなる。『ニコマコス倫理学』については倫理学という名称がついているものの，倫理学がメインテーマではないという不思議な書物であることはすでに紹介したが⁽²³⁾，それでも内容を精査して断片的にでも拾っていくと，そこで述べられているのはまぎれもなく道徳についてのことがらであり，『政治学』よりも個に関する記述が圧倒的に多い。

　そこで最初に，彼の基本的認識が述べられている第2巻1章を引用してみる。これは前に倫理と道徳の意味的相違について論じた際にも論拠として大きく依存した部分でもある。繰り返しになるが，倫理と道徳についてよく指摘されることは，古代ギリシアには，後世ではそれが混同されてしまったが，個々人のレベルのエトス（ethos）と，社会や集団レベルのエートス（ēthos）という二つの概念があるということである。それがアリストテレスでは両方が使用されており，しかも意味を使い分けている。そこでエトスとは個に関するものなので「習慣 ethos」という意味をもっており，エートスというのは前項で述べたような全体性に関することで「倫理・道徳 ēthos」という意味をもっていると考えると，下の引用についてもより理解しやすいであろうし，アリストテレスの考え方も整理できるのではないだろうか。

　「かくして卓越性（徳）には二通りが区別され，『知性的卓越性』『知性的徳』（ディアノエーティケー・アレテー）と，『倫理的卓越性』『倫理的徳』（エーティケー・アレテー）とがすなわちそれであるが，知性的卓越性はその発生をも成長をも大部分教示に負うものであり，まさしくこのゆえに経験と歳月とを要するのである。これに対して，倫理的卓越性は習慣づけに基づいて生ずる。『習慣』『習慣づけ』（エトス）という言葉から少しく転化した倫理的（エーティケー＝エートス的）という名称を得ている所以である。

　このことからして，もろもろの倫理的な卓越性ないしは徳というものは，決して本性的に，おのずからわれわれのうちに生じてくるものでないことは明らかであろう。けだし，本性的におのずから然るところのものは，お

よそいかなるものといえども，それとは別の仕方に習慣づけられることのできないものなのであって，たとえば本性的に落下するものである石が，たとえ千万度上方へ投げられたからとて，上昇するように習慣づけられることはできないし，また火が下降するように習慣づけられることもできず，その他，およそ何らか一定の本性を有しているいかなるものもそれと異なった仕方に習慣づけられることはできない。これらの倫理的な卓越性ないしは徳は，だから，本性的に生れてくるわけでもなく，さりとてまた本性に背いて生ずるのでもなく，かえって，われわれは本性的にこれらの卓越性（アレテー）を受けいれるべくできているのであり，ただ，習慣づけ（エトス）によってはじめて，このようなわれわれが完成されるにいたるのである。

さらに，およそ本性的にわれわれに与えられていることがらの場合にあっては，われわれはあらかじめそういった活動に対する可能性を賦与されており，しかるのちにその活動を現実化するのである。」(1103a14-28)[24]

上の引用から，道徳教育にとって重要なことを3点ほど導くことができる。

第1に，卓越性＝徳（aretē/virtue）は，知性的（dianoetike/intellectual）なものと倫理的（ēthikē/moral）なものの2種類あり，前者の知性的卓越性（dianoetike aretē）は，その意識が発生するのも発達するのも，教育（didaskalias/teaching）に依存しているため，その形成には時間がかかる。そして，卓越性に適った行為に関する知識や知慮や物分かりは知性的卓越性に属しており，卓越性に適った状態に関する寛容や穏和や節制は倫理的卓越性（ēthikē aretē）に属する。

第2に，その倫理的卓越性は本性から生じるのではなく，習慣（ethos/habit）によるのであり，われわれの本性はただその卓越性を受けいれるだけであるということ。

そして第3に，卓越性にかぎらず，人間に本性的に与えられているものがあってはじめてわれわれはその可能性を有するのであり，あらかじめ出発点が，あたかも種子のように本性として賦与されていないならば，その活動は現実化しないということである。

そうすると，道徳教育も二つの側面をもつことになる。教育が可能な知性的側面（知性的卓越性）と，習慣に依存する倫理的側面（倫理的卓越性）の二つである。教育が可能な知性的側面については，その教育に時間がかかる。初学者たちであっても，知性的卓越性を認識しているような言葉を用いたりできるかもしれない。しかし，「彼らも言辞を繋ぎ合わせはする。それでいていまだ彼らは知っているわけではない。知っているためには身についていなくてはならないのであって，このためには時間を必要とする」(1147a21-22)[25]のであり，それを認識しているように思わせてはいるが，本当に初学者が知っているかどうかは怪しいのである。たとえ知性的卓越性の素質[26]があったとしても，時間をかけた，適時性に即した学習によって身につける必要がある。

それとは別に，習慣に依存する倫理的側面は注入的教育に依存しないことになる。これは，本性や経験や直観や理性ではなく，習慣こそが倫理的卓越性を身につける核となるからである。そのため，個人レベルでの道徳教育を考察する際の鍵になるのは，「習慣」の概念である。しかし，習慣についてわれわれは消極的あるいは否定的意味で用いることも多いようであるが[27]，道徳教育に関していえば，そうした心配は杞憂であり，教育における習慣の大切さは，20世紀の教育思想家であるデューイ（John Dewey）も主張している[28]。もちろんアリストテレスも同様で，習慣が第二の本性とよく呼ばれるのは，習慣を積極的かつ肯定的に評価してのことである。

こうして『ニコマコス倫理学』にはアリストテレスの道徳教育論がちりばめられており，最終章つまり第10巻9章でも道徳教育論が展開されている。それだけ道徳教育を重要視して主要なテーマの一つと考えていたのだろう[29]。

　　「善きひとになるのは，一部のひとびとの考えによれば本性に，他の一部のひとびとによれば習慣づけに，また他の一部のひとびとによれば教えによる。」(1179b20-21)

善き人になることは，道徳教育の目的である。この箇所で注目すべきは，本性（physei），習慣づけ（ethei），教え（didache）という三つを善き人になるための要因としてあげた点である。すなわち一般的にこれは，その人の生まれつき

である本性 (physis)，発達段階途上における習慣 (ethos)，生涯にわたって影響される教育 (paideia) のそれぞれが重層的にかかわることを示しており，これまで述べてきたアリストテレスの主張と矛盾するものではない。そしてさらに，今日の道徳教育モデルを構築するうえでも多くの示唆を与えるだろう。

出発点は異なったにしても，その徳を完成させていくためにはやはり固有の性格的特質 (ēthos) が必要であるので，それが何らかの仕方ですでに見出されていなければならない (1179b29-31)。しかもこの見出した特質を完成させるには時間がかかるのであり，こうなるともはや個人レベルで対応できるものではなく，共同体の法律の下で対応しようという考えが出てくるのは，公的な教育システムを必要とする発想と同様である。「しかるに，若年の頃から徳へのただしい誘導を受けるということは，やはりそういった趣旨の法律の下に育成されているのでないかぎり行なわれがたい」(1179b31-32) のである。

そして何も，徳の完成は青年期だけに行われるものではなくて，生涯を通じて行われなくてはならなかった。かなり長い時間をかけて，法律の下で道徳的人間形成を行うことによってはじめて，道徳的状態が習慣となり，身につけることができるのである。

このように，共同体において生涯をかけてわれわれが「もろもろの正しい行為をなすことによって正しいひと」(1103a34-b1)(30) になっていく様相をアリストテレスは次のように指摘している。

　「だが，おもうに，若年の時代にただしい育成や心遣いを受けるだけでは充分でない。やはり大人になってからもこのような営みを続け，それを習慣としてゆくことを要するのであって，そうなると，これに関してやはり法律というものが必要であり，総じて，だから，全生涯にわたってわれわれは法律を必要とするのであろう。」(1180a1-4)

教育によってのみわれわれは善美 (kalokagathia) なる人になるのではなく，全生涯という長い年月をかけて，本性とは異なる特質(エートス)を出発点として，完成へ向けて深めていくことが必要なのであり，そのプロセスが，肯定的な意味での善き習慣(エートス)となる。そしてこの習慣はわれわれとは独立した固有のものではなく，

善き習慣こそがわれわれの道徳性そのものなのであり，習慣はいわば第二の本性として機能する[31]。『ニコマコス倫理学』第10巻9章には，この習慣という言葉が多く出てくる。しかし多くの人々に正しく善い習慣をつけるためには，個人レベルに限定されていたのでは無理があるので，共同体レベルでの対応が必要となる。『ニコマコス倫理学』の最後は，「では，この議論に移ることにしよう」(1181b23) という謎めいた文章で完結しているが，これに続く書物こそが前項の主要参照著作であった『政治学』なのである[32]。

4　言葉＝ロゴスの大切さ

2008（平成20）年版の学習指導要領では，「自分の考えを基に，書いたり話し合ったりするなどの表現する機会を充実し，自分とは異なる考えに接する中で，自分の考えを深め，自らの成長を実感できるよう工夫すること」(小学校)，「自分の考えを基に，書いたり討論したりするなどの表現する機会を充実し，自分とは異なる考えに接する中で，自分の考えを深め，自らの成長を実感できるよう工夫すること」(中学校) と示されており，全教育活動で充実する言語活動に関するものとして，道徳的価値観の形成を図る観点から，自己の心情や判断等を表現する機会を充実して，自らの成長を実感できるようにすることを重視するようになった。さて，心情的なものとはおもにパトスである。しかしパトスだけではなかなか相手にいいたいことを伝えることはできないので，どうしてもそれを共通理解できる形に表現しなければならない。それが言葉＝ロゴスによる表現である。古代ギリシアにおけるロゴスの意味は，あとで詳しく説明するが，われわれが思っているよりも広い。そしてそのようなロゴスを重視する教育というのはいつからあったのだろうか。20世紀に入ってからだろうか。そんなことを考えてしまうが，じつはもっと古い。2300年以上前からそれは始まっていたのである。この展開も前項や前々項と一緒である。

　前々項や前項の議論では，アリストテレスの道徳教育論におけるポリスを重視する考え方と，習慣を重視する考え方をそれぞれ考察していった。そして『ニコマコス倫理学』の問題意識は『政治学』へと引き継がれて考察される。たと

えば『政治学』の以下の引用の箇所などは，『ニコマコス倫理学』からの問題意識を含みながら展開されていると理解できるだろう。

「ところで人は三つのものによって善くて有徳な者になる。その三つとは生れつきと習慣と理(ことわり)とである。すなわち，例えば先ず他の動物のうちの何かとしてではなく，人間として生れて来なければならないし，またそういう者としてその肉体も精神も或る性質をもって生れてこなければならない。しかし或るいくつかの性質はそれをもって生れて来ても，何の役にも立たない，というのは習慣がそれを変化させるからである。実際，そのいくつかの性質は習慣によって孰れの方向にも，すなわちより善い方向にもより悪い方向にも向けられるものとして生れついている。ところで，動物のうち他のものは主(おも)に生れつきによって生きているが，そのうちのいくつかのものが少しばかりまた習慣によっても生きている，しかし人間はまた理によっても生きている。というのはただ人間だけが理を持つからである。従ってそれら三つのものが互に一致しなければならない。〔それは可能である。〕何故なら人間はもし習慣や生れつきによってとは違った仕方で為すのがより善いことであるということを理によって説得されるなら，それらに反して多くのことを為すものだからである。」(1332a38-b8) (33)

『ニコマコス倫理学』での内容展開は錯綜した部分もあり，十分に整理されていない印象を受けるのでわれわれも把握しにくい部分があった。しかし，議論を引き継いだ『政治学』の上の引用部分 (1332a38-b8) では，すっきりとわかりやすく整理されている。つまり，「善くて有徳な者」になるための教育には重要な要素が三つあり，それぞれ，生̇ま̇れ̇つ̇き̇ (physis)，習̇慣̇ (ethos)，理̇ (logos) であることをはっきり述べている。この一連の流れを仮に「physis-ethos-logos」の教育モデルと名づけるならば，25頁で引用した「善きひとになるのは，一部の人々の考えによれば本性 (physei) に，他の一部の人々によれば習慣づけ (ethei) に，また他の一部の人々によれば教え (didache) による」(1179b20-21) で語られていた，本̇性̇ (physei)，習̇慣̇づ̇け̇ (ethei)，教̇え̇ (didache) の3要因説もこのモデルに類似するものとして分類できる。

この箇所以外にも，アリストテレスは教育を３要因でしばしば説明している。大概的にまとめると，① 本性や資質といった生まれついての能力がよいこと，② 練習や習熟や状況がよく作用してよい習慣が身につくこと，③ 法律や教育といった理性がよいことであり(34)，それぞれが重層的に作用するようになっている。つまり，まずは善い本性がなければ人間として善い方向へ出発し成熟できない。もし善い本性がない場合，その人は善い方向へ進むことは期待できないことに注意しなければならない。そして，善い本性があっても習慣によって人間形成の可能性は善くも悪くも変わってしまうので，よい習慣を身につける必要がある。最後に理が控えており，習慣がたとえ間違った方向へ進んでしまっても，出発点の本性がしっかりとした善きものであるならば，理によって人間は修正できる。この「本性－習慣－理」つまり「physis-ethos-logos」という３段階の道徳的な深化があるからこそ，生涯という長い時間をかけて人間は，途中で多少の道徳的危機に直面するかもしれないが，しだいに「善くて有徳な者」という完成へ向かって前進することが可能となる。「physis-ethos-logos」という流れはまさにアリストテレスの人間形成観を貫いている骨子である。

　ここで新たに理（logos）という概念が加わっている。ロゴスというと，新約聖書の「初めに言があった。言は神と共にあった。言は神であった」（「ヨハネによる福音書」第１章１節）という一節を思い浮かべるが，それ以前の古代ギリシア語のロゴスは，「言葉」だけでなく，「理，法律，秩序」などを意味する。本章ではこのロゴスについて，じつは前々項や前項で間接的に言及している。つまりロゴスとは，共同体のポリスという公共空間での理，法律，秩序のことである。このエトスやロゴスにしたがうことが，ポリスにおける法律定立の前提になる。古代ギリシアのノモス（nomos）は，実定法（positive law）として人為的に定立された法律だけではなく，社会の掟や道徳や習慣や慣習全体をも含んでいた。習慣を共同体が強制する場合もノモスであったし，それが文字によって強制するのもノモスである。それゆえ，「ギリシア人にとっては，法と道徳とは峻別されるものではなかった」(35)のである。

　人間のポリス的動物という定義では，個は全体として共同体＝ポリスから規

定を受けており，規定される根拠は人間の本性によるものであった。さらにここにロゴスについての議論を織り込んでみると，たんに部分（個）よりも全体（共同体）を優先する人間観だけでなく，動物と人間を峻別しその差異を強調するロゴスを優先した人間観が含まれていることに気づくであろう。18世紀以降の近代的な言葉で表現するならば，「人間性 humanity」という言葉を思い浮かべるとイメージしやすいのかもしれない。さらに28頁の引用（1332a38-b8）にある理(logos)は，25頁の引用（1179b20-21）で語られていた教え（didache）の位置にある。そこから，このロゴスが教育と近似する概念であることが類推できるであろう。なぜなら，ロゴスは教育の際に用いられる言葉であり，弁論で重要となる論理であり，人間形成における思考そのものを意味するからである。

　結局アリストテレスが，人間のさまざまな面において求めたのは，善くて有徳なものであり，その核となる「人間というものの善 to anthrōpinon agathon」こそが政治の究極目的なのである（1094b7）。そのように考えると，ポリスの重要性が浮かび上がってくるのではないだろうか。ポリスという概念には，家族という私的領域と対比される共同体という公的領域の意味と，さらには動物性と対比される人間性という意味が二重に規定されている。

　したがって，「ポリスについての学問」は，「人間に関する学問」である。すなわち，政治学と倫理学は相互に独立した関係にあるのではなく，「人間」のもとで一緒になっているのである。この「人間」という概念は，ちょうど世間という意味を強調した「じんかん」という意味に近いのであろう。だからこそ政治学と倫理学を統合して理解していなければ，アリストテレス倫理学を誤解してしまう。つまり，アリストテレスの『ニコマコス倫理学』は『政治学』とともに読み合わせてこそ，彼の道徳に関する考えが理解できる。そしてこの二つを通じて論じたかったことは，倫理学というのは，空理空論でもなく，あるいは共同体が個人に規則を押しつけることでもなく，人間に関することがらについての学問であるということである。たとえばそれは，和辻哲郎も考えたことであった。和辻が『人間の学としての倫理学』（1934）において強調するのは「アリストテレスに於いて『人』(anthrōpos)の哲学が同時に『社会』の学

であるところに，人間存在の個人的・社会的なる二重性格が把捉せられてゐると云つてよい。従つて彼の『人の哲学』は，内容的には『人間の学』となつてゐるのである」[36]ということであった。和辻哲郎は人間の存在を「個人的・社会的なる二重性格」としてとらえ，そうした把握の重要性を強調している。アリストテレス自身，『ニコマコス倫理学』や『政治学』での考察方法として，その二重性格をいったん解除して，ただ片方の性格から考察している箇所もあるが，それは抽象的な考察をするための方便であり，本来は相互に制約することで二重性格は統合されているのであることを忘れてはいけないと和辻は主張する[37]。裏返すと，この点において，プラトンとは異なるアリストテレスの道徳思想の特徴をとらえることができるだろう。

　アリストテレスの提示した physis-ethos-logos の教育モデルは，教育思想においても大きな影響を与えている。そのなかでも，三つの段階をそれぞれ対応させて考える説もある。たとえば，23-24 頁の引用（1103a14-28）を考慮すると，ピュシスは先天的な資質なので問題ないとして，エトスは道徳教育，そしてロゴスは知性的教育と考えることもできるであろう。だが，「三つのものが互に一致しなければならない」(1332b5) という主張を受け入れると，それを各々の段階で語るのではなく，人間形成という発達全体のなかで考察するのが適切である。人間は，ポリスという枠組みのなかでその存在そのものの規定を受けている一方で，個人あるいは家族としての日常を過ごすなかでポリスの構成員としてポリスを逆規定している。個人と共同体という枠をそれぞれが相互に規定し合う状況が生じているのである。以上を総合的に考えると，physis-ethos-logos の教育モデルは，今日の道徳教育においても実践的に応用できるものであり，示唆に富むものである。道徳にかぎらず，教育，ひいては人間形成全体は，physis-ethos-logos の教育モデルのなかでこそ全人的に語られなくてはならないのであり，たとえその一つが悪い方向へ進んだとしても，それを修正するセーフティーネットが用意され，機能していることになる。要するに，道徳教育思想を語る場合，本性（physis），習慣（ethos），理（logos）を総合的にとらえて，その人間の発達と教育とのかかわり方を論じることが大切なのである。

2300年以上前のアリストテレスの道徳思想を省察することによって，現代のわれわれにもそれが見えてくる．

第2節　現代から明治の日本への遡及——100年前の話

1　和辻の問い

　和辻哲郎が1937年から1949年にかけて刊行した全3巻の大著『倫理学』で強調するのは，「倫理とは何であるか」と問うことは人間存在の根本的構造を問うことに他ならないということである[38]。この和辻の言葉には非常に重い意味が込められている。というのも，倫理とは何かという問いで問われているのは，たんなる倫理なのではない。もしこれがたんなる倫理を問いかけているのであれば，その問いに対して答えが出た時点でその問いの役割は終わってしまう。非常に重い意味というのは，この問いの背景にあるもののことであり，それこそが人間の根本的構造として浮かび上がってくる。「倫理とは何であるか」という問いは倫理学を問うているのではなく，われわれ人間の存在そのものを問うているのである。おそらく，この主張はハイデガー（Martin Heidegger）の『存在と時間 Sein und Zeit』（1927）を意識してのことであろうが，たとえばこの問いの「倫理」の部分に，「道徳」あるいは「教育」という言葉を入れてみたところで，本質は変わらない。何の違和感もなく，むしろさらに内奥に近づいている感じが醸し出されてくる。

　一般的に，単純な問いであってもその真意をとらえることは難しい。問われているものは何か，問いかけられている者は誰なのか，問い明かされるべき真意とは何か，そのような要素が問いの構造のなかに分解不可能な状態で織り込まれていて，その交互に複雑に組み合わされた構造を把握することは容易ではない。なぜ和辻はここで人間存在の根本的構造をもち出したのであろうか。それは，倫理学を問うという活動は，人間とは異なる客観物体としての倫理学を問うのではなく，倫理学という学問がわれわれ人間の存在そのものと深く密接に関係しているがゆえに，それを知ることは自分自身や相手を知ることでもあ

ったからである。要するに，前節のアリストテレスの場合と同様，倫理学と人間は離れがたく結びついているので，倫理学を問うことは，必然的に人間を問うことでもあった。だからこそ人間存在の構造という耳慣れない言葉をもち出したのである。つまり，倫理学を問うことは，われわれの現実存在に深くかかわる要請であることを知る必要がある。さらに和辻哲郎にとって，倫理学を問うことは，国民性を問うこと，意識することでもあった。その言葉の重みはどこから得られたものなのだろうか。その手がかりを求めてみると，以前に引用した箇所に参考となるものがあった。

本章の冒頭で取り上げた川本隆史の発言に，明治期の「日本の翻訳文化とアカデミズムの成立史」について言及している箇所がある。じつは，このアカデミズムの成立途上にはさまざまな問題が噴出し，大きな問題が潜んでいた。そして結論を先取りするならば，この途上においてわれわれ日本人は自分たちの存在構造を強く意識し，明確にしていくことができたのである。

先人たちは倫理あるいは道徳を問題意識として取り上げることで，自分たちの過去を引き受け，現在を整理し，そして未来を思い描いていった。それは歴史的で社会的で個人的な生の総体にもなり，だからこそ現代のわれわれは，意を決してこの問いに立ち向かっていかなければならないのである。この第2節ではこのような決意から出発したい。そして，明治期のアカデミズムにおいて倫理学や道徳が整理されていった様相を明確にし，さらに学校教育における道徳教育が形作られていく過程について探りたいと考えている。

2 日本におけるアカデミズムの成立

西洋の多くの哲学概念の翻訳を手がけたのは，東京帝国大学哲学科初の日本人教授・井上哲次郎である。彼は1881（明治14）年に出版した『哲学字彙』の初版にPhilosophyの項を設け，当時は「理学」と訳されていたこの語に「哲学」という訳語を与えた。同じくEthicsの項も設けており，それを「倫理学」と訳し，「按，禮樂記，通于倫理，又近思録，正倫理，篤恩義」と割註をつけた[39]。この割註の意味は，「『禮樂記』に『倫理』とある通り，また『近思

録』の『倫理を正しくし，恩義を篤くする』とあることに基づく」というものである。この『哲学字彙』は，初版が 1881（明治 14）年，再版が 1884（明治 17）年，第 3 版が 1912（明治 45）年に出版されており，語義などの説明がなく，ただ対訳が示されているだけのシンプルな辞書で，そこに収録されている語彙数は，初版が 1952 語，再版が 2723 語，第 3 版が 10419 語となっており，第 3 版だけがかなり大きく改訂されているので，別物と考えてもよい (40)。初版の緒言によると，弗列冥(フレミング)『哲学字典』を底本としているが，近世の文言が不足しているので和田垣(わだがき)謙三や国府寺(こうでら)新作や有賀長雄らと語彙を加えていると漢文で記してある。フレミングとは，イギリス人 William Fleming のことであるが (41)，この『哲学字彙』初版にも再版にも，Ethics の項はあっても Moral の項はなく，関連するものとして，Morality が「行状，道義」，Moral philosophy と Moral science が「道義学」と三つだけ記されている (42)。他の書籍での翻訳としては，同時期に広く流通していたヘボン（James Curtis Hepburn）の『改正増補　和英英和　語林集成』（丸善商社書店，1888）が参考になるのだが，そこでは Ethics の訳語は「道徳学，修身学」となっている (43)。

　井上哲次郎と同じく東京帝大哲学科出身の仏教哲学者・井上円了は，1887（明治 20）年にみずから哲学館を創立し，これがのちの東洋大学となる。そして井上円了は同年，2 巻本の『倫理通論』を出版しており，さらに 1891 年にはそれを教科書として使用するために要約した『倫理摘要』を出した。前者の『倫理通論』を繙くと，そこに興味深い文言があるので引用する。

　「倫理学トハ西洋ノ語ニテ『エシックス』ト称シ或ハ『モラル，フィロソヒー』又ハ『モラル，サイエンス』ト称スルモノ是レナリ近頃此語ヲ訳スルニ道徳学道義学修身学等種種ノ名称ヲ用フルモノアレドモ余ハ特ニ倫理学ノ名称ヲ用フルナリ抑倫理学即チ『エシクス』ハ善悪ノ標準道徳ノ規則ヲ論定シテ人ノ行為挙動ヲ命令スル学問ヲ云フ而シテ余ガ爰ニ論定スルト題シタルハ論理上考定究明スルヲ義トシ仮定臆想ニ出ヅルヲ義トスルニアラズ然ルニ古来世間ニ傳ハル所ノ修身学ハ仮定臆想ニ出ヅルモノヲ常トス」(44)

この引用箇所で井上円了は，エシックスは道徳学，道義学，修身学などと訳される場合があることを紹介しつつ，そのなかでも倫理学がもっとも適切な訳語であると述べ，そもそも倫理学の役割は道徳の規則を考察することであるととらえている。他の訳語を取り上げたうえで倫理学という訳語を提案しているので，相対的に比較検討した痕跡がうかがえ，井上円了の決断が感じられる。

　そしてさらに注目すべきは，『倫理通論』第1巻の後半で，道徳心は天賦のものではなく，教育によって発達するものであることをはっきりと述べている点であり，そこに道徳教育の萌芽を読み取ることもできる(45)。この『倫理通論』を評して，子安宣邦は「『倫理学』の語は近代日本の学術的世界，ことに教育学（教員養成学）的世界に倫理学的問題構成にしたがって教育指導上の言説を再編成すべき課題を負って成立するのである」(46)と述べているが，この指摘は非常に重要なものであり，今日の道徳教育においては看過してはならないことがらである。というのも，倫理学的問題の構成は教育学的言説の構成へと直結していたのであり，要するにその後の学問としての教育学を形成する核となる可能性を含んでいたからである。倫理学的問題構成はやがて人々における問題意識も形成するのであり，それが倫理へと集約していった。その意味で，まず成立したのは倫理ではなくして，学問的カテゴリーとしての倫理学という枠組みであったという指摘(47)は，とても鋭く，興味深いものである。

　どの訳語を採用するか，それは自然淘汰に任せるしかない翻訳文化の問題でもあり，その後の普及から見るならば，井上哲次郎や井上円了の「倫理学」と訳す案が多数を占めることになった。たとえば，明六社創設にもかかわり，のちに『日本道徳論』などの著書で国民道徳の形成と普及を推進した西村茂樹は，ヘボン『語林集成』や井上円了『倫理通論』以後の1893（明治26）年に出した『徳学講義』において，当時の状況を以下のように説明している。

　　「今日学者社会ニテ道徳ト云ヘバ皆其如何ナル物ト云コトヲ知ル然レドモ審カニ其意義ヲ叩クトキハ明白ノ答ヲ為ス者少ナシ按ズルニ今世間ニテ言フ所ノ道徳ト云ヘル語ハ支那ノ儒教ヨリ来レル語ニ非ズシテ西洋ノ翻訳語ヨリ来レル者ナリ希臘ニエシックスノ語アリ拉丁ニ Moral ノ語アリ現

今法英二国ニモ亦 Moral ノ語アリ徳国ニ Sittenlehr ノ語アリ何レモ己ガ身ヲ修メテ良善ナラシムルノ義ニシテ支那ノ辞書ニ之ヲ訳シテ或ハ純善或ハ正経或ハ善徳ト為ス本邦ノ辞書皆之ヲ訳シテ道徳又ハ道徳学ト為ス（或ハ倫理学ト訳スル者モアリ）此道徳及道徳学ノ語学者間ノ普通ノ語トナリ」[(48)]

　ここで西村茂樹は，エシックスとモラルを訳し分けてはおらず，ギリシア語，ラテン語，英語，ドイツ語などを参考にしながら，とにかく「道徳（学）」という言葉がアカデミックな世界では「普通ノ語」となった状況を指摘しており，『哲学字彙』や『語林集成』や『倫理通論』などが刊行されてから急速に，わが国での訳語定着や概念規定が進んでいったことがうかがえる。

　以上が，日本の翻訳文化における観点からのエシックス（ethics）とモラル（moral）の関係である。当初は，ethics と moral を区別して倫理学や道徳学と訳し分けることが不明確なままで事態は推移していたが，多少の混乱がありつつも，ethics が倫理学に，そして moral が道徳とそれぞれ定着していった状況が歴史的に読み取れるが，同時にそれは学問としての成立でもあった。

3　明治期における道徳教育の導入

　前項ではエシックス（ethics）とモラル（moral）の翻訳問題に着目しながら，明治期のアカデミズム成立も含めて論じてみた。そこで今度は，明治における近代公教育制度の成立時に舞台を移し，わが国での道徳教育の導入について考えてみたい。

　これまでの話から推測できるように，明治以前に倫理や道徳という概念は明確ではなかったといえる。だが当然，江戸時代にも道徳的教育内容はあった。道徳教育を重視するか否かは藩主の考え方によっても大きく異なり，会津藩や薩摩藩など家庭での道徳教育の規準書を配布する藩主もいた。一般家庭では母親や祖母が，子守歌から始まり英雄や先祖の物語を読み聞かせるなど，薫陶によって矜持を高めていった。といってもそれは私教育の範囲にとどまるものである。やはり日本が道徳教育を公教育で行おうとする動きは，1872（明治5）年の学制以降のことであり，それに異論は少ない。

明治期の公教育をめぐっては，制度の速成を第一としていたため，必ずしも理念や方針の統一が図られていたとはかぎらない。この時期の人々の教育観にはさまざまな政治的あるいは個人的な思惑が込められているので，多極的価値観が混和している。そのような混和した状況は，学制でも同様であった。イギリス，フランス，アメリカ合衆国などの教育制度を部分的に取り入れたために，学制には日本の実状と相容れない内容も多々あった。内容を見ればわかるが，功利主義，実学重視，国民皆就学，受益者負担といった学制の主張は先進的なものである。現代から見てもそのように思ってしまうほどなので，当時の教育者や政治家にとってその内容について反発を覚える者も多かったであろうことは容易に想像できる。

　そして 1879（明治 12）年の教学大旨と小学条目二件から構成される教学聖旨によって，学制の方針が転換された。教学大旨には「道徳ノ学ハ孔子ヲ主トシテ」行うことが明記されており，学制の教育の理念は破棄され，今後は修身などの徳育を教育目的の第一とする政策が最重要の課題になった。教学聖旨の理念を徹底するために，1879（明治 12）年に公布されたばかりの教育令（太政官布告 40）は翌 1880（明治 13）年に改正された。改正教育令（太政官布告 59）の第３条では学校で学ぶべき教科が列記されているが，その教科群の筆頭科目は修身であり，それに依拠して国家主義的色彩の強い道徳教育が推進されることとなった。

　当時，現場の小学校の教員に求められたのは「殊ニ道徳ノ教育ニ力ヲ用ヒ」（「小学校教員心得」1881／明治 14 年）ることであった。その状況下で急がれたのは，修身教育を強力に推進できる教員の養成であり，その基盤として教員養成に用いるテキストの作成が喫緊の課題であった。この頃，師範学校などでは倫理学が基幹科目として導入されたので，師範学校の教科書として使用するため，いくつかの倫理学関係の書籍が出版された。むしろ当時出版された倫理学関係の書籍は，ほとんどが師範学校での教科書として使用されることを意図していたといってもよいかもしれない。わが国の教育学と倫理学はこうして導入され，教員養成における道徳教育が学的に成立していったのである。

イギリスとアメリカ合衆国に留学した経験をもつ初代文部大臣の森有礼も，大臣在任中の1888（明治21）年3月，中学校・師範学校の教科書として使うことを想定した『倫理書』を文部省から出版している。教科書として使用させるための省令まで準備していたが，結局その省令も出ず，中学校・師範学校の教科書としても使用されなかった。しかし，10月には早くも増刷されたようなので，比較的広まったようである。その冒頭の凡例で，森は道徳教育の方法および目的を次のように示した。

　「道徳ヲ教フルノ法ハ，人ノ心裏ニ，正邪善悪ノ別ルヽ所ヲ説キ，人ヲシテ，正善ニ就キ，邪悪ヲ避ケシメ，而シテ初学ノ者ニハ，専ラ実例ヲ挙ゲテ，其心ニ感動セシメ，以テ其行為ヲシテ，正善ノ慣習ヲ得セシムルニ在リ。」(49)

参考までに，第1節とのかかわりから，森が『倫理書』のなかで示した倫理と道徳の区別を引用してみると，「道徳ノ，倫理ニ於ケル関係ハ，密ナリト雖モ，其間，自ラ原理ト法則トノ区別アリ。倫理ハ，原理ニシテ，道徳ハ，法則ナリトスルヲ得ベシ」(50)と述べており，倫理は原理で，道徳は法則であるということになる。しかし残念ながらこの表現からは，倫理と道徳の概念規定が明確であるとはいいがたい。

この教育観をもちつつ森は大臣としての3年2ヵ月にわたり，じつに全国の多くの学校を視察するが，特に修身の教育には注意を払っていた。帝国大学における研究内容は学術的進歩よりも国家を優先することを求めたり，兵式体操を学校教育に導入したりするなど，国家主義・軍事主義的な教育方針を打ち出した森ではあったが，道徳教育に関しては，学校での修身だけに頼るのではなく，学校外の家庭でも教育に取り組むべきであるという教育観をもっていた。その教育観は下記の文面からも理解できるのであり，彼がこれまでの道徳教育の内容や方法を変えて，修身を徳育の中心とするのではない，新たな道徳教育を構築しようとしていた態度を意外にも見て取ることができる。

　「児童の発育の度合如何を辨へす，徒らに古人言行の漠然として六ヶ敷ことを授るは甚不可なることは勿論，中には頗る穿ち過ぎたることありて

小学生徒の脳力には迚も解し得へからさることあり，否これを解し得るも寶に修身の教となすべからさるのみならず，却て之を傷害するものなきを免れず，世間往々論語なとを用ゐるものあり，該書の如きは修身書と言はんよりは寧ろ政事書と言ふの穏当なるに如かさるに似たり，尤もさすが孔子の言行を綴りたるものなれば修身の模範となること亦尠しとせざれとも，其言たる多くは当時の形勢に応じ又は其弟子の人となり如何を察し説述せしものなれば，之を児童に授くるには其性質如何により須らく注意斟酌をなさざるべからず，要するに今日の修身科書は総て瑕瑾なきを免かれざるを以て教員の注意最も緊要なり」[51]

　これは1887（明治20）年に森が文部大臣として九州各県を巡回した際に，小学校で行った示論の一部である。彼は児童の精神的発達状態では難し（「六ヶ敷」）過ぎる内容に対して異を唱えており，儒教主義で道徳教育を行うことは時勢に合わないと考えていたので，論語でさえも道徳の教材としてはふさわしくないと考えていた。明治の元勲たちは厳格であるという印象をもっているわれわれにとって，これは新鮮である。

　一方で，先の井上円了などは，森有礼の『倫理書』よりも1年早く倫理学の学術書を上梓しており，当時すでに道徳や倫理をめぐる議論が広く行われていたことがわかる。国民への道徳教育が教育勅語にしたがった国家主義的な色彩が強かったことはこれまで述べた通りである。しかし注意すべきは，それは必ずしもかつてのような儒教的な道徳教育への全面的な移行を意味していたのではない。たとえば西村茂樹は，明治6年に文部省に入り，編輯局長として教科書編纂[52]などに尽力したが，彼が1887（明治20）年に出版した『日本道徳論』では，「王政維新以来全ク公共ノ教トイフ者ナク，国民道徳ノ標準定マラズ，以テ今日ニ至レリ」[53]と述べており，日本国民が明治維新以後，道徳の根拠を失ったことを危惧している。ならばそこで，伝統的な儒教的道徳教育の復興を提唱するのかというとそうではなく，西村は新たな道徳を求めており，それがこれ以降，国民道徳として確立していくことになる。なお，『日本道徳論』（初版）は総理大臣・伊藤博文より新政府を誹謗するものと指摘されたため，翌年

には訂正第2版が出版された。上の引用部分は訂正第2版でも残っているが，そのあとに「近年政府ニテモ深ク道徳ノ教育ニ注意シ，夫々適当ノ法令規則ヲモ発シタルコトナレバ，遠カラザル内ニ道徳恢復ノ功ヲ奏スベキ」(54)と続いており，政府の方針に配慮した記述にあらためられている。

4　学校における道徳教育の徹底化

　教員養成における道徳教育の体制が整うと，次に求められるのはやはり，学校で直接行われる道徳教育の徹底である。比較的言説が自由なアカデミズムの世界とは異なり，学校ではより厳格に道徳教育を運用することが求められた。当時の修身科の授業は，特定の教科書を使用せずに，教員の講話などによる口述教授に一任されていたため，その教育内容は現場の学校教師に依存せざるをえなかった。政府は教育内容をこれまで以上に軍国化する必要があり，そのためには，子どもたちが実際に使用する修身科の教科書を完全に統制しなければならなかったのである。

　したがって，まずは1890（明治23）年に小学校令が改正（第2次）された。その第1条において「小学校ハ児童身体ノ発達ニ留意シテ道徳教育及国民教育ノ基礎並其生活ニ必須ナル普通ノ知識技能ヲ授クルヲ以テ本旨トス」と述べられており，小学校教育の目的がはじめて明確化された。小学校教育全体の目的として道徳教育が最初に言及されているということは，それだけ道徳教育が教育の中心的役割を担っていたことを意味する。また，学齢児童（満6歳から満14歳）の教育は，公立小学校である尋常小学校で3～4年間行われ（第8条），加えて，市町村などに必要な数の尋常小学校の設置を義務づける学校設置義務規定が明記（第25条）されたので，法律的には公教育＝道徳教育という体制はできあがっていた。さらに1891（明治24）年に「小学校修身教科用図書検定標準」を定め，教科書検定の方針を示し，徳目を中心とした教育内容ができあがり，その基準に沿った数多くの修身教科書が世に出た。

　そして残った課題は，教科書特に修身の教科書を国定化することであった。そのため1899（明治32）年には，衆議院に「小学校修身書ニ関スル建議案」が

提出され，福澤諭吉らの反対にもかかわらず，翌年には文部省に修身教科書調査委員会が設置され，修身の教科書の原稿作成は秘密裏に進められていた。

1902（明治35）年，ある教科書会社社長が手帳を列車に置き忘れるという小さな出来事があった。しかしその手帳には教科書採用販売をめぐる贈賄の相手先の氏名や金額などが具体的に記されており，これをきっかけに，12月には全国規模でかなり強引な一斉検挙が行われ，現職の県知事，文部省の役人，師範学校や小学校校長を含めて検挙者が200人に達するという大事件へと発展した。これが有名な明治の教科書疑獄事件である。この事件は思わぬ副産物をもたらした。事件を背景として，民間会社ではなく国が教科書を作成すべきであるという世論が形成され，それに後押しされるようにして，翌1903（明治36）年1月，教科書国定化法案は閣議決定された。政府はその4月に小学校令を一部改正し，小学校の教科書は文部省が著作権を有するものに限定した国定教科書制度を成立させたのである。そして1年後の1904（明治37）年から修身，読本，国史，地理で，1905（明治38）年から算術と図画で，そして1911（明治44）年に理科で国定教科書が使われ始めた。

教育勅語に加え，さらに1908（明治41）年の戊申詔書（ほしんしょうしょ）によって国民道徳は強化されることになる。アカデミズムにおいてもその波に逆らうのは困難であった。井上哲次郎は1910（明治43）年に『教育と修養』を，1912（明治45）年に『国民道徳概論』を刊行し，教育勅語や戊申詔書をふまえた論旨を展開する。『国民道徳概論』では従来の日本の精神と新しい西洋の精神をどのように融合させるべきか考え，国民道徳を四つの要素から構成し直した。つまり，第1の要素として明治以前から存在する日本固有の民族的精神を核としつつ，これに旧来の儒教と仏教の二つを加え，さらに第4の新要素として明治維新以後の西洋の文明を取り入れることで国民道徳を形成すべきであると主張した。そのうえで，教育者は教育する覚悟として極めなくてはならないと鼓舞する[55]。さらに新しい倫理学との違いについて彼は，「国民道徳は倫理学といふ立場から言ふと何うしても実践的方面に関係して居る。国民道徳の研究も無論倫理学の一部分でありますけれ共，国民道徳は特に其実践的方面の研究に属するのであ

ります」⁽⁵⁶⁾と語ることでそれぞれを区別し，国民道徳と倫理学を関係づけることで学問的普遍妥当性を担保しようとした。

　明治も終わろうとするこの時期にいたって，こうして国民道徳という精神が形成された。さらに学制以来，統一性が図られていなかった道徳教育が，学校の修身科という形で結晶化したのである。その裏では，予期せぬ事件も功を奏し，明治政府は念願の修身の国定教科書の使用も達成できていた。そしてその後，修身科は1945（昭和20）年に停止されるまで，教育現場に多大な影響を与え，その後の状況は本書の第3章の通りである。

　当初，この第2節はたんなる倫理と道徳の翻訳の問題から議論を始めたが，それが文化の問題，アカデミズムの成立や道徳教育導入の問題へと論点を移していった。だがその背景にあるのは，倫理学的言説，ひいては教育学的言説の形成である。つまり文明開化以降の近代公教育の構築は，日本人の精神構造の再構築でもあり，今日われわれが道徳教育あるいは教育を論じることができるのも，このプロセスを経たからこそである。もちろん倫理と道徳の訳語や前節で述べた意味の違いに注意を払わなくても，道徳教育を語ることはできるかもしれない。いや，できるであろう。しかし，倫理と道徳の訳語や意味の違いは，自明であるかのようなわれわれの考察，語りそのものに再度焦点を当てるのである。われわれがなすべきことは，問うことあるいは対峙することである。そして，何を問い，何に対峙するかを考えた場合，それは教育学あるいは道徳教育そのものに対してである。教育学とは，教育課題の解決や教育制度の設計や人間の内面理解を目的としたもろもろの考察を学問的に体系化する営為ばかりではない。もちろん，通常はそれで十分な場合もある。しかし高度に教育実践を考察しようとする者は，教育学の学問的体系化以前のものにも注意を払わなくてはならない。われわれが特定の教育事象に関心をもちながら思慮したり，省察したりすることができるのは，それを語ることが可能な言説をつねにすでにもっているためであり，その能力は自明なものではない。それを忘れてはいけないのである。

第3節　多様な道徳教育観の創造——現在そして未来の話

1　社会性と個性という座標軸

　周知の通り，道徳の学習指導要領には「主として集団や社会とのかかわりに関すること」という観点がある。そこで自明のこととして扱われている「集団や社会とのかかわり」とはそもそもどのようなことを意味し，さらにそこに含意されている「社会性」とは何を前提としているかを深く究明したいと考えて歴史的に考察した場合，これらが古代ギリシアのポリスを出自とすると考えるのは至極当然の成り行きである。これまで何度も引用したアリストテレスの「人間はポリス的な動物である」という言葉から，ポリスとはつまり社会であり，人間がポリス的動物へいたるプロセスを「社会化」として検討することもできるからである。もちろん「集団や社会とのかかわり」は基本的な人間の条件として大切なことである。しかし，その「集団や社会とのかかわり」が具体的にどのようなもので，集団や社会が家庭や公共や地域とどのように違うか，またそもそも領域を区分することは可能かという問いには明確な結論は出ないだろう。つまり集団や社会というものは観念上の非物質であり，不明瞭で不確実な観点であり，そのため道徳教育を行う際の絶対的前提条件としては機能しえないのである。明治の頃からそれはわかっていた。

　だが一般的なことをいえば，文部科学省や教育委員会，学校，学級など近代の制度化された教育空間では，この不明瞭で不確実な条件がしばしば（いつの間にか）システム化され絶対的条件へとすり替わることが多い。人によっては強制的とすら感じられることもあるかもしれない。ただ，その制度＝システムが教育の質を高く均一に維持する役割をもち，教育機会の平等を保障していることもまた確かである。教育システムはわれわれを強制するものなのか，あるいは質を維持するのに欠かせないものなのかという価値判断をここでは拙速に行わない。いま各教師にできることは，公共の福祉や子どもの人権を尊重し，法律に基づきつつ，教育的諸条件を状況に応じて峻別し対応できる能力を身に

つけることであろう。

　たとえばモンテスキュー（Charles-Louis de Montesquieu）は，原初状態においてすでに社会を形成しようとする本性が人間には備わっていると考えていた。このような考えは，先に示したアリストテレスの考え方に沿ったものであることは第1節にも示しているので，もはやこれはヨーロッパの伝統であるとさえいえよう。しかし，近代教育思想に多大な影響を与えたルソー（Jean-Jacques Rousseau）は，同様な前提を必ずしも決定的ではないと思っていた。ルソーによると，社会性の原理は後天的なものであり，順序としては本性に基づく自然法のあとに形成されると考えていた。それゆえ，その社会全体や支配者との契約つまり「社会契約」が必要であると考えたのである。反対に，少なくとも人間形成論においてルソーから影響を受けているカント（Immanuel Kant）は，ルソーとは異なり，社会を形成しようとする本性を人間のうちに認めるのである(57)。

　近代におけるこうした人間形成観の多様性＝揺らぎは，人間の特質である本性と社会性が，どちらもその本質において分かちがたいものであることを示しているのであり，真実がどうであるかの明確な判定は不可能である以上，学的理論形成以前の前提にかかわる問題であり，われわれにとっては「教育観」としか表現しようのないものとなってしまう。この拮抗した状況こそが，人間が成長する場の特色となっている。

　こうした状況を鋭く分析した人物の一人が，20世紀の政治学者アレント（Hannah Arendt）である。彼女は『人間の条件 *The Human Condition*』（1958）において，アリストテレスのポリス的動物（zōon politikon）という語が，セネカ（Lucius Annaeus Seneca）やトマス・アクィナス（Thomas Aquinas）によって社会的動物（animal socialis）に訳されたことは，まったく正当なことだという。その理由として，政治的なものに対するギリシア的理解が無意識のうちに失われ，代わって人々の関心は社会的なものへと移ったためだと推測しているのだが，ここで注目すべきは，「社会」という領域が私的なものでも公的なものでもない，まったく新しい概念であるという主張である。アレントが指摘するのは，公的領域と私的領域，ポリスの領域と家族の領域，そうしたものの間の決

定的な区別は，古代ギリシアでは自明の区別であり，これまで見てきたように，プラトンやアリストテレスがその区別をけっして厳密に考えていなかったわけでも，関心がなかったわけでもない。「社会的」という言葉は，「ヒトの社会 sosietas generis humani」という概念ができてから一般化したのである。こうして誕生した「社会的」という概念が「特殊に人間的な特質」として，すなわち「基本的な人間の条件」として一般的な意味を獲得し，私的なものでなく公的なものでもない社会領域が出現するのは，比較的新しいことなのだというのがアレントの主張の概要である(58)。

そして現代において道徳性を養うために，集団や社会での関係性や規範性，つまり社会性の観点から，いくつかの疑問を抱えたまま，当然のように道徳教育が行われている。だが一方で，これだけでは不十分であることも承知している。なぜなら，教師は子どもたちの主体性や個性も重視しなくてはならないからである。教育基本法の第2条で述べられている通り，個人の価値を尊重することも重要なので，社会性という軸が必要であるのと同様に，主体性や個性という軸もまた道徳教育を考えるにあたり必要不可欠である。

第二次世界大戦以降，わが国における主体性や個性を重視する教育，換言すれば，個に応じた，その子に合った，個を活かした指導や学習への志向は，よくもち出される教育観であるし，現在の教育でも重視されている視点である。しかし，じつは個性重視の主張が教育学で声高に主張され始めたのもそれほど古くない。宮本健市郎は詳細な研究から，「教育の個別化・個性化や個性尊重の主張は新しいものではない。わが国の教育界において個性が問題にされ始めたのは1900年前後からであった」(59)という結論を導き出している。一方，わが国で制度として正式に学級制が導入されたのは，1891（明治24）年の「学級編制等ニ関スル規則」（文部省令第12号）によってであるが，その少しあとから，学級という共同体における個性という，ヨーロッパでの教育史的文脈では把握しがたい二律背反の状況が意識され始めたのである。

もちろんヨーロッパでは，1900年以前でも個性尊重を唱えていた教育思想家は存在する。たとえば，エラスムス（Desiderius Erasmus）やペスタロッチ

(Johann Heinrich Pestalozzi) やフレーベル（Friedrich Wilhelm August Fröbel）などである。だがそうした近代の教育思想家たちの個性観は，神による存在規定を前提とした個性であり，超越的で絶対的な神の庇護の下で個性という概念をもち出しているに過ぎなかった。神がいてはじめて人間の個をとらえることができるので，個性が教育学における主題になる可能性もそれほど高くなかった。個性以前の人間性や動物性でさえ盛んに論じられるようになったのはルネサンス以降である。個性は重要な概念ではあったが，近代にいたってもなお何らかの概念，たとえば神性であったり人間性であったり，そうした概念とともに語られることによって成立する共概念と考えられていた。

　個性が1900年前後から教育学のキーワードとして意識され始め，重要な問題となった背景には，いくつかの要因が考えられるであろう。思いつくままあげると，19世紀における無意識の発見，あるいは精神分析学や心理学の勃興により，自我を周囲に発露する人々が多くなったことも一因であるし，産業革命以後の個人主義を特徴とするブルジョワ文化が優勢になったこと，あるいはフランス革命以降の人権意識の高まりも一因として考えられる。宮本健市郎の場合，その要因をもっと教育学的に限定して考えており，教育制度や教育方法のシステム的な確立，すなわち学級での一斉授業を基礎とした近代的な義務教育制度の確立と，それに対する改善，改革，アンチテーゼとしての新しい教育思潮の出現を要因として取り上げている。

　　「教育の個別化・個性化が教育改革の課題になった背景には，19世紀末までに制度化された教育制度と教育方法の画一性に対する批判があった。欧米の先進国や日本などでは，19世紀末までに，学級を基礎とした一斉授業が普及し，近代的な義務教育制度が確立した。しかし，学級一斉の授業をすれば，能力や関心の個人差はいっそう明確になり，授業の進行の妨げになるから，その方法では子どもの個性や個人差への配慮が不十分であることもすぐに明らかになった。そこで，教育の個別化・個性化が，一斉授業への批判として主張され始めた。つまり，教育における個性尊重は，まず一斉授業への批判として登場した。そしてこの主張が，19世紀末から

20世紀前半にかけての世界的な新教育運動へと展開していったのである。」[60]

こうして考えると，個性を配慮・重視した教育理念は歴史的に見て新しい。新しいものであるからといってそれが軽んじられるべきものでもない。むしろ，今日の教育学において個性を無視することは，ありえないことである。

だが一般に，共同体あるいは社会という軸を重視してきた教育と，新たな個性を軸にした教育が，ともに相反する性格をもっていて対立するものとしてとらえられがちなことは，明らかであろう。しかしここで注意すべきは，教育の個別化・個性化という主体性重視の要求が，一斉授業に対するアンチテーゼとしての側面を強くもっていたことであり，アリストテレスやルソーなど，国家論や社会契約論などで頻繁に論じられている，古代以来の共同体や社会性に対するアンチテーゼではないということである。つまり個性と社会性は，互いに対立するような関係にあるのではない。個性と社会性は，互いにその存在基盤の前提として支え合っているということこそが，重要で決定的なのである。

それでも実際は，この両者を対立するものとして理解することが多い。その対立は道徳教育において特に先鋭化してくる。個性重視の教育をすると今度は規律や集団行動が乱れているという理由で社会性重視の道徳教育へと振り子のように戻される。そうした二極的教育観はどの国でもよく見られることであるが，そうした二極性はぜひ克服されなければならない。

たとえば，わが国の道徳の学習指導要領において，道徳教育の内容は，① 主として自分自身に関すること，② 主として他の人とのかかわりに関すること，③ 主として自然や崇高なものとのかかわりに関すること，④ 主として集団や社会とのかかわりに関すること，の四つに分類されており，大概的にいって，共同体の観点は②と④に，個人の観点は①に対応するであろう。しかし，道徳性を養うために便宜的に四つに分類しているだけであり，この四つが重複不可能なものとして単独で存在するわけではなく，重なり合うことが多いということは，考えればすぐに気づく。

このように世間一般では，社会性と個性は対立する印象をもつことが多いかもしれないが，再度述べると，両者は必ずしも矛盾しない。そのため問題とな

るのは，共同体・社会の観点と個人の観点の二重性を，教師は意識していかなくてはならないということである。つまりその二重性についてわれわれは一度考えなくてはならないし，理論的整合性を構築することが肝要である。ただし，闇雲に両者を統合すればよいということにもならないので注意が必要である。

2 道徳教育の条件

　道徳教育に関して教育者はどのようなスタンスをとるか。そのかかわり方を明らかにすることによって，その人の教育観が明らかになることも多いし，場合によっては教育内容や方法にも反映される。しかし個人の教育観の如何によって教育内容が左右されることははたして適切なのであろうか。いま適切という言葉を用いたが，何に対して適切なのか，不適切な場合は教育にどのような不都合を及ぼすか，それを問うことは出口のない迷路に迷い込むことでもある。

　日本の道徳教育は，明治初期の公教育が開始された当初からその難問と対峙する必要があった。学校において道徳教育をどのように行っていかなくてはならないか，方針が確定してから道徳教育が行われたというよりも，各学校で実施しながら考えられ，しだいに共通理解を得ていった。そして，その共通理解がすべて解決して，今日われわれが何の疑問もなく道徳教育に取り組んでいるかというと，その答えは否というしかない。はたして今後も解決という結末がありえるかというとそれも疑問である。それゆえ，われわれはこれからもこの共通理解をつねに問い続けていかなくてはならないのである。

　だが，その問い続けられる際に問題となるのは，何も本質とはかぎらない。本質，根拠，原因，起源，前提，真実，そのような神から与えられた真言を読み解くことがここで問題となるのでないことをまずは確認しておこう。なぜか。道徳教育においては，教育を教育として成立させる根拠というよりも，われわれ人間の関係性こそが問われているからである。道徳教育は，希望や絶望や欲望などを抱える人間にかかわるものである以上，経済原理からは理解しえないし，ポストモダン的な発想でもないし，すべてが自己決定に委ねられているわけでもない。そして，道徳教育に関する基礎考察をする際に，つねに問い続け

なければならないことがある。それは答えが簡単に出ることもなければ、そもそも答えることを求められているようなものでもないが、忘れてはいけないことである。われわれは道徳を論じるにあたり、それをつねに意識しておかなくてはならない。なぜなら、その問題群に対するスタンスはその人の教育観や道徳観を反映しているものであり、教育観や道徳観にかかわっているということは、その人の現実存在にかかわることだからである。問いの最初の部分、つまり出発点である前提や根拠と、最後の部分としての答えは、もしかしたら、問うている本人でさえもわからないのかもしれない。

世の中には取り上げるべき数多くの問題群がある。なかには最終的な答えを求めているのではなく、まだ途中の段階でもよいので、何らかのことを示さなければならないときもある。さらに、教師はたんなる経験やOJT（On-the-Job Training）で教育を学ぶのではないので、答えがない問いに立ち向かいつつも、つねに省察（reflection）することこそが必要となる。このように決意してはじめて、本章のような省察のもつ意義が明確になるのである。

そして再度、「倫理」や「道徳」について問うてみよう。たとえば、序で引用した川本隆史のエシックスとモラルの関係をめぐる発言には続きがあるので、参考までに紹介する。

　　「私の場合だと、倫理のほうを広義に使います。それで個人道徳と社会倫理を対比させます。個人道徳、個人の心がけという場合は、モラルを念頭においています。モラルには精神的という意味もあるし、語尾にeをつけるとモラール（士気・やる気）という単語になります。これに対して、エシックスは社会の仕組みの評価までも視野に入れた用語だと考えています。だから環境問題を考える時に、各個人のやる気に期待するだけではダメで、社会の仕組みも考えないと始まらないという意味では、環境道徳ではなく《環境倫理》が選ばれたことは好都合でした。」[61]

「倫理」や「道徳」についての一連の考察を経たからこそ、上記の言説のたんなる表面的な意味をたどるだけではなく、メタレベルの視点をもってその深層を読むことができるだろう。さらにそうすることで、ますます重要度を増す

環境問題，あるいはあまり聞き慣れない環境倫理という問題に対峙することができるのであり，もしかしたらこの環境倫理の言説がわれわれのさらなる人間形成を誘発する萌芽となる可能性もある。これはつまり，倫理や道徳といった概念が，古代と異なった新たな段階へ突入したのであり，それは特別なことでも何でもなく，言葉や概念がもつ宿命でもある。倫理と道徳を相対化し，どちらが上位概念であるとか，包括概念であるとか，原理であるとか，そのような一般的な議論にとどまるだけではなく，その議論の背景にある涵養の観点，つまり人間形成の豊穣さこそが教育学では重要なのであり，われわれはそれを無意味であると思って看過してはいけない。

だがこの引用で一つだけ残念なことがある。それは，個人道徳と社会倫理を対比させている点である。すでに述べたように，個性と社会性は相反する二極的なものではない。同一の相にある両極的な教育目的だということを理解しなくてはならない。

無の状態から道徳性を養うのではなく，ましてや空白の心へ道徳性を注入するのではない。あるいは今日多く見られるように，児童生徒の心情のみから道徳教育を考えるだけでは中途半端である。まずは，児童生徒そして教えている教師自身の思いや感情や主張を明確化して整理していくことが必要であり，それに引き続き，私たちの個性を自分一人で独立したような自律的なものとして考えるだけではなく，周りの人々との人間関係あるいは社会との相互に依存するという現実を受け入れることこそが，両極的な道徳教育観の獲得する鍵となる。道徳教育はこの相互依存性によって成立する。つまり私たちの成長は，私たちが出会う他の人々との交流や成長と結びついているのであり，教育者自身の成長も学習者の成長との相互作用となるだろう。鷲田清一はそのような相互作用による自己形成を特に教師と看護者の人間形成に焦点を当てながら，次のように語っている。

「教師も看護者も，教育や看護の現場でまさに他者へとかかわっていくのであり，そのかぎりで他者からの逆規定を受け，さらにそのかぎりで〈わたし〉のアイデンティティを補強してもらっているはずなのである。」[62]

われわれはしばしば，個性豊かであればあるほど，社会性に欠けると考えてしまうことがある。しかしこの個性と社会性の両立的涵養は，相互依存性という考えから判断すれば，矛盾しない。矛盾どころか，両方なくてはならない重要な概念ということになる。先ほど述べた通り，個性と社会性は，互いにその存在基盤の前提として支え合っていることが重要なことなのである。しかしこれは，あくまでも共存在としての個性と社会性であり，どちらかが先にあるとか，より根源的であるなどというものではない。そのように考えると，自己と他者の関係性にも変化があらわれてくる。自己と他者は，個性と社会性と同様に相互作用的に考えればよいのであり，そしてさらに自己と他者は自己言及的にお互いの尊厳を肯定し合えばよいのである。そうすれば自己は他者にとっての他者となり，自己教育はそのまま他者にとっての他者を教育することになる。自己と他者を分けて考えることは，分析しやすくするために，あるいは学問的な手法としてなら容認できる点もあるが，それをどこまでも押し通すことは，どちらにとっても不幸な分離となってしまうであろう。

　意見や考え方が固定されていて柔軟性がないことをリジット（rigid）と表現するが，道徳教育はリジットなものなのであろうか。もしそうであるならば，道徳はいつから硬直したリジットなものになったのだろう。現代の価値観の多様化はすなわち道徳教育観の多様性につながっている。アリストテレスを論じた際にもそれは指摘した。今日の道徳教育に対して，その推進に熱狂的賛同を表明する者もいれば，違和感を覚える者もいる。道徳や道徳教育を何か難しいもののように考え，できればかかわりたくないと思う教師もいることは事実である。

　しかしあらためて考えてみると，道徳を神格化したり，あるいは嫌悪したり，そのように賛否が分かれるほど，はたして道徳はリジットなものなのであろうか。現代人は道徳を忘れてしまったともいわれるが，道徳はけっして忘れ去ることができるような何かではない。あるいはそれを忘れてしまったことを，誰かの責任にしようとしてはいないだろうか。

　こうして現代のわれわれは，知らず知らずのうちに道徳に振り回されている

こともある。道徳教育を重視するにしても，道徳をエトスのみで語ろうとしたり，あるいはロゴスのみで語ることで押しつけようとしたりすることもある。

　教育とはその本質上，柔軟性をもつ。というのも，人間の柔軟性，可塑性，陶冶性などもろもろの変容する能力を前提条件としているからこそ，教育は成立する。その際の教育には，もちろん育ち，つまり自己形成も含まれている。教育あるいは人間形成は，つねにすでにわれわれ人間に備わっている本性であり，人間が獲得している能力である。しかし残念ながら，そうした本性・能力だけで道徳教育を論じることはできない。本性・能力だけではその概念が広過ぎて，道徳教育の輪郭がぼやけてしまう。本章で考えてきたのは，道徳教育の活動に対応するさまざまな前提条件や前提認識であり，つまり道徳教育の条件である。遡及的に考察を行うことによってその結果，われわれはさまざまな条件を知った。だが，知ったから終わりというわけにはいかない。始原とはたんなる最初の端ではなく，現代にも組み込まれている始原的なものである。ただたんに遡及するのではなく，つねにすでにそこにあるわれわれの現実のなかにある始原的なものを解明しようとする態度を身につけ，道徳や道徳教育をその態度で学ばなくてはならない。

　「道徳」あるいは「教育」を論じることはこれからも必要である。むしろ，論じ続けなければならない。なぜなら，多様な価値を有する現代は，同時に多くの偏見と思い込みにあふれており，それらはすべてわれわれ自身がつくり出したものである以上，それらを論じていくしかない。さらに道徳あるいは教育を論じることは，自分自身を論じることでもあり，自分自身を形成していくことでもあり，その過程で道徳あるいは教育を新たに形成していくことも必要なのである。道徳は与えられているものではなく，各人が省察していかなければならないものである。教師は教育の高度専門職業人として，つねに自分自身を振り返っているのであるから，同時に道徳あるいは教育についてもつねに振り返っている。そしてそれは，あえて口に出さなくても，忘れてはいけないことなのであり，教員に求められる知や能力とは，その思いをどこか頭の片隅に置いておくことができる能力ではなかろうか。

【相澤　伸幸】

注

（1） 環境経済・政策学会における川本隆史の応答より。『環境経済・政策学会年報 第2号：環境倫理と市場経済』，67頁。
（2） アリストテレス『ニコマコス倫理学』上，17頁。また，慣例にしたがって，以後アリストテレスの著作からの引用には，ベッカー版の頁数と行数をカッコ内に記す。
（3） なお，学問としては「モラルズ morals」であるが，形容詞モラルを名詞として用いる表記が一般的であるので，これ以降は特に区別せずに「モラル moral」と表記する。
（4） 『ニコマコス倫理学』上，55頁。
（5） *Nicomachean Ethics*, trans. by H. Rackham, p.70.
（6） 高田による解説より。『ニコマコス倫理学』上，259頁。
（7） Tugendhat, *Vorlesungen über Ethik*, S.34. なおトゥーゲントハットのこの著作は部分的に翻訳がなされており，直接引用はしなかったが，該当する部分は，水野建雄他訳「E. トゥーゲントハット『倫理学講義』（二）」（『倫理学』第15号，筑波大学倫理学原論研究会1998年，93-107頁）である。
（8） *Ethica Nicomachea*, trans. by W. D. Ross, *Nicomachean Ethics*, trans. by H. Rackham.
（9） 高田による解説より。『ニコマコス倫理学』下，237頁。
（10） Tugendhat, S.34.
（11） アリストテレス『政治学』，35頁では「人間は自然に国的動物である」と訳してある。
（12） 『ニコマコス倫理学』上，31頁。
（13） 『ニコマコス倫理学』上，17頁。
（14） もちろん，physis には「本性」の他に「自然」という意味もあるが，本章では「本性」の訳語を用いる。この「本性」は教育学において重要な概念で，アリストテレス自身のとらえ方は『形而上学』第5巻4章で詳しく分析されており，そこでは六つの意味を指摘している（1014b16-1015a19）。詳細は，『形而上学』上，161-163頁を参照のこと。
（15） 『ニコマコス倫理学』下，179頁。
（16） 『ニコマコス倫理学』上，31-32頁。
（17） プラトン『国家』上，250頁。また，慣例にしたがって，以後プラトンの著作からの引用には，ステファヌス版の頁数と段落記号をカッコ内に記す。
（18） 岩田靖夫『いま哲学とはなにか』，49-50頁。
（19） 詳細は山本による解説を参照のこと。『政治学』，460頁。
（20） たとえば，岩田の次のような記述においてもうかがい知ることができる。「しかし，ここで考えなければならないことは，どれほど立派な法治体制が整備されていても，国家を構成している民衆に遵法精神がなければ，法にはなんの効力もない，ということである。それゆえ，実は，民衆の一人一人に法を守るという性格があること，換言すれば，理性に従って生きるという精神があることが，もっとも肝要なことに他ならない。このこと，すなわち，民衆の欲望や衝動を陶冶して理性的に生きる精神を育成することが，教育の

仕事であり、それゆえに、教育こそがすべての要である、というのである」(岩田、57-58頁)。
(21) 『政治学』、258頁。
(22) 『ニコマコス倫理学』下、187頁。
(23) 詳細は高田による解説を参照のこと。『ニコマコス倫理学』下、237頁。
(24) 『ニコマコス倫理学』上、55-56頁。なお、「卓越性＝徳 aretē」そのものは、現代のわれわれが使う「道徳」という言葉の概念とはやや異なる。卓越性＝徳＝アレテーとは文字通り、「優れているところ」の能力なのであるから、時代とともに何を優れた能力とするかという点において価値観の若干の変動はある。本章で言及するアリストテレスにおいては、人間形成論的に優れている領域に関するので、アレテー＝「善くて有徳な」という意味である。なお、用語の英訳は W. D. Ross による翻訳を参照し、この部分だけ理解しやすいように英訳を併記した。
(25) 『ニコマコス倫理学』下、25頁。
(26) ここではアリストテレスのいう「こと hoti」(1095b) に近いものを想定している。
(27) 「習慣を近・現代の意味で理解しようとすれば、決定的な誤解につながることになる。われわれは、しばしば習慣を同質の行為の集積による慣れ、あるいは馴致、その結果としての自動的な機制だと見なしている。この場合、習慣はいわばある種の癖であり、それゆえ場合によっては『習慣の奴隷』となることが語られ、それが先入見の原因とされることもある」(越智貢「モラル・モニズムが忘れたもの―徳倫理学再考―」:『徳倫理学の現代的意義』、11頁)。また、「たとえば『パンセ』で『習慣はわれわれの本性である』と語るパスカルにとっては、習慣はまだモラルのテーマでありえたが、カントにいたっては、習慣とは『固定した傾向性を根付かせること』(『道徳形而上学』徳論第五二節)に他ならず、『よき行為からその道徳的価値を奪う』(『人間学』第一二節) ものでしかありえなかった。この点では今日の倫理学者はなべてカントの後継だといっていい」(越智、13頁)。この引用から判断するかぎり、どうも現代の倫理学では、「習慣」に対する評価は低いようである。
(28) ちなみに、デューイも「習慣 habit」と「知性 intelligence」の関係を述べており、その主張はアリストテレスの主張と重なるものである。J. Dewey, *The Middle Works, 1899-1924*, vol.14, pp.121-126.
(29) 以下、『ニコマコス倫理学』下、183-192頁からの引用が続くが、表記が煩雑になるのでベッカー版の頁数と行数のみを記す。
(30) 『ニコマコス倫理学』上、56頁。
(31) 習慣を「第二の本性」といったのはパスカル (Blaise Pascal) である。ヘラクレイトス (Hērakleitos) などは、エートス (習慣、性格) は人間にとってダイモーン (神霊、運命) であると語っている。『ソクラテス以前哲学者断片集』第1分冊、343頁を参照のこと。

(32) 高田の註釈を参照のこと。『ニコマコス倫理学』下，228頁。
(33) 『政治学』，342頁。
(34) たとえば，「よい」という表記も，善い，良い，と表すことで意味が異なる場合もある。本章で特に漢字を使用せずに「よい」と表記しているときは，どちらの意味も含んでいる。
(35) 加来による解説より。プラトン『法律』上，476頁。
(36) 和辻哲郎『人間の学としての倫理学』，50頁。
(37) 「この抽象的個人的存在をもとの二重性格に返して考へるところのPoliticaが，恰かもEthicaと独立のものであるかの如くに取り扱はれてくる。これがEthicaを誤解せしめた所以に他ならない」(『人間の学としての倫理学』，53-54頁)。
(38) 和辻哲郎『倫理学』上巻，40頁。
(39) 井上哲次郎等編『哲学字彙』，31頁。
(40) 飛田良文「『哲学字彙』の成立と改訂について」(別表１)。
(41) おそらく底本となったのは第２版の，William Fleming, *The Vocabulary of Philosophy: Mental, Moral, and Metaphysical, with Quotations and References; For the Use of Students*, London, 1858 か，その後の版であろう。
(42) 『哲学字彙』，56頁。
(43) 平文（ヘボン）『改正増補　和英英和　語林集成』，831頁。
(44) 井上円了『倫理通論』第一，3-4頁。なお，句読点がないのは原典のままである。
(45) 『倫理通論』第一，144-150頁。
(46) 子安宣邦「近代『倫理』概念の成立とその行方」，8頁。
(47) 子安，9頁。
(48) 西村茂樹『徳学講義』，5-6頁。なお，句読点がないことや傍点・下線は原典のままである。
(49) 森有礼『倫理書』，1-2頁。なお，本書の原著には著者名が記されていない。その理由として考えられるのは，本書が森だけでなく能勢栄ら数人によって編纂・執筆されたという事情がかかわっているのであろう。しかし基本的内容や方針は森が示しており，『森有礼全集』にも森の著作として収録されているので，本章でも森の著作として扱う。
(50) 『倫理書』，2頁。
(51) 大久保利謙編『森有礼全集』第１巻，511頁。
(52) たとえば，『小学修身訓』(1880年／明治13年)を編纂している。
(53) 西村茂樹『日本道徳論』(初版)，4頁。
(54) 『日本道徳論』(訂正第２版)，7頁。
(55) 井上哲次郎『国民道徳概論』，11頁。
(56) 『国民道徳概論』，19-20頁。
(57) こうした議論はいまでも活発に行われている。たとえば，門脇厚司は次のように語っている。「違いがあるとすれば，私の場合，人間であるからといって誰もが，『人が人と

つながる』性向や資質を先天的に備えていることを『前提』としてはいないことである。『他者とつながりたい』『他者といい関係をつくりたい』『他者と協働したい』という性向や資質は、生得的なものではなく、生まれた直後から始まる大人との直接的な応答や、多様な他者と相互行為を繰り返すことによって培い育てなければならないものだと考えているからである」(『社会力を育てる——新しい「学び」の構想』, vii頁)。

(58) アレント『人間の条件』, 44-50 頁。
(59) 宮本健市郎『アメリカ進歩主義教授理論の形成過程』, 3 頁。
(60) 宮本, 4 頁。
(61) 川本の応答より。『環境経済・政策学会年報 第 2 号』, 67 頁。
(62) 鷲田清一『じぶん・この不思議な存在』, 121 頁。

参考文献

相澤伸幸「〈道徳〉と〈倫理〉の前提的境界設定に関する教育学的考察」『京都教育大学紀要 No.115』2009 年 9 月, 13-26 頁』

アリストテレス (出隆訳)『形而上学』岩波文庫 (上) 1959 年,(下) 1961 年

アリストテレス (山本光雄訳)『政治学』岩波文庫, 1961 年

アリストテレス (高田三郎訳)『ニコマコス倫理学』岩波文庫 (上) 1971 年,(下) 1973 年

アレント, ハンナ (志水速雄訳)『人間の条件』ちくま学芸文庫, 1994 年 (原著1958年)

井上円了『倫理通論 第一』普及舎, 1887 年

井上哲次郎等編『哲学字彙』東京大学三学部, 1881 年

井上哲次郎講述『国民道徳概論』三省堂, 1912 年

岩田靖夫『いま哲学とはなにか』岩波新書, 2008 年

内山勝利編訳『ソクラテス以前哲学者断片集』第 1 分冊, 岩波書店, 1996 年

門脇厚司『社会力を育てる——新しい「学び」の構想』岩波新書, 2010 年

環境経済・政策学会編『環境経済・政策学会年報 第 2 号：環境倫理と市場経済』東洋経済新報社, 1997 年

子安宣邦「近代「倫理」概念の成立とその行方」『思想』912 号, 岩波書店, 2000 年 6 月, 4-24 頁)

西村茂樹演説『日本道徳論』(初版) 出版社不明, 1887 年,(訂正第 2 版) 出版社不明, 1888 年

西村茂樹『徳学講義』出版社不明, 1893 年

日本倫理学会編『徳倫理学の現代的意義』慶應通信株式会社, 1994 年

飛田良文「『哲学字彙』の成立と改訂について」『英独仏和 哲学字彙』名著普及会, 1980 年, 1-16 頁および別表)

プラトン (藤沢令夫訳)『国家』岩波文庫 (上)(下), 1979 年

プラトン (森進一・池田美恵・加来彰俊訳)『法律』岩波文庫 (上)(下), 1993 年

プラトン（藤沢令夫訳）『メノン』岩波文庫，1994 年
平文（ヘボン）『改正増補 和英英和 語林集成』丸善商社書店，1888 年
宮本健市郎『アメリカ進歩主義教授理論の形成過程』東信堂，2005 年
森有礼『倫理書』文部省，1888 年
森有礼（大久保利謙編）『森有礼全集』第 1 巻，宣文堂書店，1972 年
鷲田清一『じぶん・この不思議な存在』講談社現代新書，1996 年
和辻哲郎『人間の学としての倫理学』岩波書店，1934 年
和辻哲郎『倫理学』（上・中・下巻）岩波書店，1937-49 年
Aristotle, *Ethica Nicomachea*, translated by William David Ross, Oxford, 1925.
Aristotle, *Nicomachean Ethics*（Loeb Classical Library 73），translated by Harris Rackham, London, 1934.
Aristotle, *Politics*（Loeb Classical Library 264），translated by Harris Rackham, London, 1944.
Liddell & Scott, *Greek-English Lexicon*, Oxford, 1972.
Rorty A. O., ed., *Essays on Aristotle's Ethics*, California, 1980.
Tugendhat, E., *Vorlesungen über Ethik*, Frankfurt a. M., 1993.

（なお，本章での旧漢字は固有名詞も含めてできるだけ新漢字にあらためた。）

第2章　新旧の道徳授業の理論と実践

序　生きる力を育む道徳教育の現状と課題

　道徳教育は近年の教育再生会議や中央教育審議会においても主要なテーマの一つとして議論され，国民的な関心事となっている。今日，道徳教育が注目されてきた背景にはさまざまな要因が考えられる。まず，高度な情報化（知識基盤社会化），グローバル化，高齢化・少子化，さらには国際技術の発展や環境問題への関心の高まりによって社会が急激に変化してきたことがあげられる。こうしたなかで子どもはたんに過去の知識（道徳に関する慣習や常識）を習得するだけでなく，多様な道徳的問題の状況において自ら考え，主体的に判断し行動することが求められてきたのである。次に，こうした社会の変化にともない価値観も多様化するなかで，道徳意識や規範意識の乱れが目立つようになり，学校でもいじめ，不登校，非行，学級崩壊などが顕著になり，また少年犯罪の低年齢化や凶悪化が叫ばれて社会問題化したことが挙げられる。そこで，子どもの自立心や自律性を培い，基本的な生活習慣，規範意識，人間関係を築く力，社会参画への意欲や態度などを身につけて，「豊かな人間性」を育むことが求められてきたのである。こうした「自ら考え判断する力」や「豊かな人間性」の育成は，学校教育全体のテーマでもある「生きる力」の育成の中核となるものでもある。

　こうした社会的背景や教育的課題を踏まえて，2006（平成18）年の学習指導要領の改訂では，教育基本法および学校教育法に定められた教育の根本精神に基づき，子どもの実態を踏まえて「生きる力」をはぐくむ道徳教育の拡充が一層求められてきた。そもそも「生きる力」とは，1996（平成8）年の第15期中

央教育審議会第1次答申で新たな学校教育のあり方を示すキーワードとして打ち出された概念であり，その構成要素としては，まず「自分で課題を見つけ，自ら学び，自ら考え，主体的に判断し，行動し，よりよく問題を解決する能力」であり，次に「自ら律しつつ，他人と協調し，他人を思いやる心や感動する心など豊かな人間性」と「たくましく生きるための健康や体力」である。このように「生きる力」は，まず，問題を解決する能力が筆頭にきて，次に「豊かな人間性」がきていた。しかし，1999（平成11）年に改訂された『小学校学習指導要領解説・道徳編』では，「生きる力」を「変化の激しい社会において，いかなる場面でも他人と協調しつつ自律的に社会生活を送れるようになるために必要な，人間としての実践的な力であり，豊かな人間性を重要な要素とする」と定義している。このように道徳教育における「生きる力」とは，問題解決能力ではなく，「豊かな人間性」を中核とする概念になり，心情的側面を重視する傾向が強まっていく。

　こうした傾向が如実に現れるのは，道徳授業の指導法である。わが国で一般的に行われている道徳授業は，国語科における物語文の指導法に倣って，読み物資料を読んで，登場人物の心情や態度を考えさせ，道徳的価値の自覚を促すという枠組みで構成されている。こうした道徳授業では「豊かな人間性」を育成するという点に重点を置いているが，社会の変動が激しいなかで複雑な道徳的問題を自ら考え主体的に判断する力を養成することは軽視されている。こうした道徳授業に対しては，「いつもワンパターンで形骸化している」，「授業が子どもの本音や現実生活からかけ離れていて，実効性が上がっていない」，「きれいごとを白々しく述べるだけである」，「学年が上がるにつれて子どもの受け止めがよくない」という不平や批判の声が寄せられてきた。

　1995（平成7）年に小中学生を対象とした「道徳授業についてのアンケート調査」[1]によると，「道徳の時間は楽しい」と答えているのは低学年で55.2％と高いものの，中学年では36.5％，高学年では18.9％，中学1年生では15.7％，2年生では6.0％，3年生では5.2％と下がっていく。各教科と道徳を比較しても，道徳は小学校低学年でこそ人気は高いが，中学年から急降下し，高学年か

ら中学校にかけては最下位かそれに近い順位になる。さらに,「道徳授業を楽しくないと感じる理由」としては,小学生では1位が「いつも同じような授業だから」(42.1%),2位が「こうすることがよいことだとか,こうしなければいけないということが多いから」(30.7%),3位が「資料や話がつまらないから」(28.7%)である。中学校でもほぼ同じ傾向にあり,中学2年生を例にとると,1位が「いつも同じような授業だから」(54.4%),2位が「資料や話がつまらないから」(32.1%),3位が「こうすることがよいことだとか,こうしなければいけないということが多いから」(26.3%)である。

　こうした調査結果を受けて,1998(平成10)年6月の中央教育審議会答申では,道徳授業が「子どもの心に響かない形式化した指導,単に教え込むにとどまるような指導」となりがちな点を批判し,「子どもの心に響く多様な道徳授業」に改良するよう求めている。先の教育再生会議でも,こうした形骸化した道徳授業を改め,「徳育」として教科化する提案を文部科学省や中央教育審議会に出しており,道徳授業の改良と拡充は今や社会的要望として強く求められている。2008(平成20)年に改訂された学習指導要領でも,道徳授業の改良と拡充は重要なテーマとなり,総則の第1の2で「道徳教育は道徳の時間を要として学校の教育活動全体を通じて行うものである」ことを明確に打ち出し,第3章でも道徳授業が道徳教育を補充,深化,統合する中核的な役割や性格をもつことが強調されている。また,2008(平成20)年に改訂された『学習指導要領解説・道徳編』でも,「登場人物への共感を中心とした展開にするだけでなく,資料に対する感動を大事にする展開にしたり,迷いや葛藤を大切にした展開,知見や気付きを得ることを重視した展開,批判的な見方を含めた展開にしたりするなど,資料の特徴を生かした指導の手順や学習過程の工夫が求められる」[(2)]として,多様な学習指導を推奨している。

　また,道徳授業の目標は,従来から「道徳的価値の自覚を深め,道徳的実践力を育成する」こととされてきたが,架空の物語を他人事のように語り合って終わる授業も多いため,2008(平成20)年に改訂された学習指導要領においては,小学校では「自己の生き方」について考えを深めること,中学校では「人間と

しての在り方」について考えを深めることが目標に追加された。それにともない道徳の学習を指導するうえでも，子どもが切実な道徳的問題に取り組み，「自己の生き方」や「人間としての生き方」についてじっくり考えを深められるように配慮することが求められてきた。

　こうした道徳授業の課題や目標を踏まえて，文部科学省ではこれまでにも子どもの「心に響き，共に未来を拓く道徳教育」を行うために指導上のポイントをいくつか示している[3]。たとえば，子ども一人ひとりの思いを大切にすることである。子どもにはそれぞれの感じ方，考え方があるため，子ども一人ひとりの思いに共感的理解を深めるようにすることが重要になる。次に，子どもが自らの体験を通して道徳的価値の自覚を深められるようにすることである。第3に，悩みや心の揺れを積極的に取り上げることである。登場人物に自分の悩みを重ねて考え，子どもが自分の問題を客観的に考えられるようにするのである。第4に，子どもの体験を道徳授業に生かすことである。子どもが心に響いた直接体験に関連づけて道徳的価値の理解を深めるのである。

　こうした道徳指導上のポイントを実現するためには，従来の道徳授業のように，主人公の心情を追求する枠組みのなかで部分的修正（マイナー・チェンジ）するだけでなく，進歩主義教育の流れをくむ新しい道徳授業（たとえば，価値の明確化，モラル・ジレンマ・ディスカッション，構成的グループ・エンカウンター，新しい人格教育など）のように，子どもが自ら道徳的問題に取り組み主体的に価値判断する道徳授業が参考になると思われる。従来のように子どもの社会化をめざす保守的な道徳授業と子どもの個性化を図る進歩的な道徳授業とは，これまで互いに矛盾・対立する関係として扱われることが多かった。しかし見方や考え方を変えれば，両者は相互補完的な関係としてとらえ直すことができ，今後の道徳授業の改良・改革に多くの示唆や指針を提供してくれると考えられる。

　ところで，近年，OECDの学習到達度調査であるPISAやわが国の全国学力調査（主として「活用」）において小中学生の学力低下が問題視されている。もちろん，学力と道徳性は必ずしも合致しないが，次の2000（平成12）年のPISAの読解力問題は道徳教育とも関連づけて考えることもできるだろう。まず，

「落書き」に関する二つの手紙が提示される。ヘルガの手紙では，学校の壁に落書きをすることは迷惑であり社会的損失であると非難している。それに対してソフィアの手紙では，落書きも芸術の一種であり，それを快・不快に思うのは価値観の違いにすぎないと弁護する。この二つの手紙を読んだ後に，「あなたはこの2通の手紙のどちらに賛成しますか」，「どちらの手紙が良い手紙だと思いますか」などと問われる。こうした問題では，子どもが主体的に問題状況の本質を見抜き，さまざまな課題を解決するための構想を論理的かつ多角的に考察し，自らの意見を表明することが求められる。この問題に対して，日本の子どもたちは白紙回答が非常に多かったという。もしこの資料で従来の道徳授業のように，「ヘルガはこの時どんな気持ちだったでしょう」などと問えば，日本の子どもたちは資料の言葉を引用しながら上手く答えられたかもしれない。しかし，二つの手紙を比較検討したうえで，「自分なりの言葉を使ってあなたの答えを説明してください」などと求められると，途端に対応できなくなってしまうのである。国際比較においてこの問題の成績が低かったのは，日本の子どもたちの学力や道徳性が低下したせいというよりも，従来の形式化した心情の読み取りに終始する授業に起因するというべきかもしれない。この点でも，従来の道徳授業に新しいアプローチを導入する必要性を感じさせる。

　以上のような問題意識をふまえて，本章では高度専門職業人としての教師として必要となる道徳授業の理論と実践方法，およびその改善の方途について根本的に考察することにしたい。そのために，まず従来の道徳授業の理論と実践を振り返り，その特徴と課題を明らかにし，それを改良・改革するための手立てとして進歩主義教育の流れをくむ新しい道徳授業の理論と実践を検討し，新旧の道徳授業を比較検討することにしたい。そのうえで，新旧の道徳授業の難点を克服するために「第三の道」を探究し，その実現に向けた条件整備を検討することにしたい。

　本章の内容構成としては，第1節で，従来の道徳授業の歴史的な成り立ちから学習指導過程までを特徴づけ，その課題を検討する。第2節では，新しい道徳授業として進歩主義教育の流れをくむ価値の明確化，モラル・ジレンマ・デ

ィスカッション，および構成的グループ・エンカウンターを特徴づけ，その課題を検討する。第3節では，道徳授業における「第三の道」を探る試みとして，統合的道徳教育，新しい人格教育，そして問題解決型の道徳授業を取り上げて検討する。第4節では，道徳授業をより充実させるための条件として，学習環境の整備，特別活動との連携，道徳教育の内容項目に着目して吟味することにしたい。

第1節　従来の道徳授業の長所と短所

1　戦前・戦後の道徳授業

　近代の学校教育においては，教師が子どもに知識や技能を計画的かつ系統的に伝達し，優秀な人材を効率的に陶冶することを重視してきた。こうした学校教育の管理統制を強化するために，良くも悪しくも利用されてきたのが道徳教育であった。わが国では，戦前・戦中期に国家主義の立場から儒教道徳の忠孝を基本として，「尊王愛国の心」を育成するための修身教育が行われてきた。修身の授業の特徴は，最初に諸々の徳目を系統的に設定し，そうした個々の徳目を説明するのに適した例話や寓話を教科書に掲載し，各学年でそうした徳目を計画的に教え込み，一元的な価値体系で人格形成するところにある。当時の修身教育を振り返るために，次にヘルバルト主義とそれに基づく修身の授業を検討することにしたい。

　ヘルバルト主義は，教育理念を倫理学から取り入れ，教育方法を心理学から取り入れている。ただし，わが国に紹介され普及したヘルバルト主義は，ライン（Rein）やケルン（Kern）などヘルバルト派の理論に基づく国家主義的な教育理論となっている。5段階教授法はラインによって改良された「予備・提示・比較・概括・応用」の段階に分かれたもので，戦前戦中は，教育勅語の徳目や儒教の五道念（仁義礼智信）を効果的に注入するために利用された。このヘルバルト主義は形式的な教授法であったが，教育勅語のような国家主義的精神を子どもに効率的に注入するためには効果的であったともいえる。

ヘルバルト主義に基づく修身の授業では，さらに簡略化して「予備・提示・応用」という形式をとるようになり，今日でいう「導入・展開・まとめ」という形式の原型にもなっている。また，予備（導入）の段階で児童の興味や関心にうったえることや，提示（展開）の段階では道徳的価値の明確化や自覚を図ることなども，現在の道徳授業に影響を与えている。こうしたヘルバルト主義の授業は，たしかに子どもの認識活動に合わせて授業を構成しているが，子どもの経験の質や量を無視して画一的に指導し，教師の導きによって子どもが答えを発見するように仕組んでいる。そのため，子どもは自ら考え判断しているようでも，実際は教師の用意した規定の答えをただ見つけ出す作業をしているにすぎず，とうてい主体的かつ創造的に考えているとはいえず，教師にとって都合のよい価値観を形成するように導かれることになる。

　それに対して，戦後は民主主義の見地から学校教育が全般的に刷新され，子どもの実態と発達段階に合わせながら学校の教育活動全体で道徳教育を行うことが求められるようになった。戦後の新しい教育制度における道徳教育は，修身科のような固有の教科を置かず，教育活動のすべての面で進めるという原則（全面主義）をとり，それまでの修身・公民・地理・歴史などの教科内容を融合し，合理的な社会認識能力を育成するために新設された社会科が，道徳教育の中核を担うことになった。1947（昭和22）年に発行された『学習指導要領社会科編Ⅰ（試案）』の「第1章序論，第1節社会科とは」には，「社会科の任務は青少年に社会生活を理解させ，その進展に力を致す態度や能力を養成すること」と記されている。こうした社会科において社会的認識能力や問題解決能力を育成することが社会性や市民性を養い，さらには広い意味での道徳性を育成すると解釈されたのである。

　その後，1958（平成33）年からは公立の小中学校で週1時間の「道徳の時間」が特設されることになり，多様な道徳授業が研究開発されることになる。「道徳の時間」の指導方法は，戦前の修身教育を反省したうえで，教師の一方的な教授や単なる徳目の解説や教え込みに終わることのないように配慮し，子どもたちの心身の発達に応じるとともに，子どもの興味や関心を考慮し，なるべく

子どもの具体的な生活経験に即しながら，自主性を尊重しつつ，人格の完成をめざして努力することが強調されてきた。

2　心情把握型の道徳授業

今日，わが国の公立の小中学校で広く一般的に行われている道徳授業の原型は，1960年代半ばに文部省が刊行した『道徳の指導資料』に即した指導法にある。「道徳の時間」は，前述の通り1958（昭和33）年に特設されたわけだが，その後しばらくの間，教育現場では道徳授業の指導法について暗中模索の状況が続き，それ以前のように社会科に準じた道徳授業，あるいは学級活動や生徒指導（生活指導）と混同した道徳授業が数多く行われていた。また，そもそも「道徳の時間」の特設に反対する現場教師や大学研究者も多かったため，道徳授業の実施率はきわめて低い状態が続いた。そうした実態を踏まえて，文部省は読み物資料を活用した道徳授業を推進する方針を打ち出し，先の『道徳の指導資料』を刊行して普及・徹底を目指した経緯がある。その当時，資料を用いた道徳授業の方法論は確立していなかったため，暫定的に国語科における物語文の指導法に倣って，読み物資料（副読本）の物語を読んで，登場人物（特に主人公）の気持ちを場面ごとに考えさせるスタイルが基本として採られた。このように登場人物の心情を繰り返し問いかける道徳授業を本書では「心情把握型の道徳授業」と呼ぶことにしたい。

この心情把握型の道徳授業において，子どもは主人公の心情の変化を辿りながら共感的に理解して，その資料のねらいとする道徳的価値を自覚することになる。この道徳授業の長所は，その簡便さにある。初任の教師でも物語の登場人物の心情を三つほど発問するだけで授業が成り立ち，道徳的価値の自覚を深めることにもなるからである。こうした心情把握型の道徳授業は，戦後日本の学校において学習指導要領に記された内容項目を計画的かつ体系的に教え込み，子どもたちの道徳的な心情や判断力を画一的に陶冶し，企業や国家に寄与する従順な人材を育成するためには，きわめて効率的で簡便な方法であったのである。

次に，心情把握型の道徳授業における学習指導過程を具体的に検討してみたい。授業の展開前段では，子どもが物語を読んだ後に（または教師が物語を範読した後に），登場人物の心情を問うことになる。子どもが自分の心に浮かんだ自然な感想（本心）や独自の考え（解釈）ではなく，主人公の心情に共感させ，物語の作者が資料に込めた道徳的価値を自覚するように求められる。ここで道徳資料の定番として，小学校5年生用によく活用される有名な「手品師」（原作者　江橋照雄）を取り上げたい。（この資料は複数の出版社で副読本に掲載されているが，ここでは文溪堂の掲載文から概要のみ提示しておきたい。）

「腕はいいが売れない手品師は，暮らしは楽ではなかったが，大きな劇場で華やかな手品をすることを夢見て日々腕を磨いていた。そんなある日，手品師はしょんぼりと道に座り込んでいる少年に出会った。手品師は少年を励ますために手品を見せて元気づけ，翌日も少年のもとに来て手品を見せると約束した。しかし，その夜，手品師に友人から電話が入り，急病で出演できなくなった手品師の代わりに，大劇場の舞台に出演してくれないかという依頼があった。すぐに家を発たなければ舞台に間に合わないが，大劇場へ行けば少年との約束が果たせなくなる。手品師は大いに迷ったが，少年との約束を果たすために，友人からの誘いを断り，翌日少年のもとへ行って手品を披露した。」

こうした資料を読んだ後に，教師の発問は「男の子と約束した時の手品師はどんな気持ちだったか」，「友人から電話で大舞台の出演について話を知った手品師はどんな気持ちだったか」，「きっぱりと断った手品師の気持ちはどうだったか」などになる。こうした発問に答えるなかで，子どもは手品師の心情を共感的に理解し，「誠実」という道徳的価値の自覚を深めることになる。こうした発問では主人公の心情を問うため，主人公とは違った子ども自身の見方や考え方を答えた場合には間違いとなり，主人公の気持ちを忠実に言い当てた場合にのみ正解とされる。こうした資料に内在する正解とは，子どもの生活経験の外側にあるため，子どもは資料の読解を手がかりとしてそれを見つけ出さなければならない。こうした道徳授業では，子どもは自分の生活経験に基づく本来

のリアルな思考や感情をいったん停止させて，教師のねらいとする道徳的価値に合わせて発言することになる。子どもの方も主人公の気持ちを繰り返し問われて，主人公の気持ちを共感的に理解し同一化しているうちに，いつしか自分の本心よりも主人公の気持ちを優先するようになり，あたかも主人公の気持ちが自分の本当の気持ちであるかのように思い込むことさえある。こうした道徳授業を受けることで，子どもは作者（あるいは教師）が意図するように主人公の心情に同調しながら道徳的価値の自覚を深めることになるのである。

　さらに，道徳授業の展開後段では，子どもは自らの日常生活の経験を振り返るように促される。これは，いわゆる「価値の一般化」あるいは「価値の主体的自覚」と呼ばれる過程である。ここで教師は「資料と同じような経験がなかったか」，「今後どうしたらよいか」などを問うことになる。子どもは自分がそれまでの生活経験においてどのような感じ方や考え方をもってどのような言動をしていたかを教師に打ち明け，自分の過去の言動を見つめ直し，反省（内省）し，将来のあり方や希望を述べることになる。こうしたやり方は，宗教上の「告解」と同様に，子どもがどのような欲望をもっていたかを自己認識させることで，自己を「欲望の主体」として形成させることになる。こうした道徳授業は，子どもの欲望をあからさまに禁止したり懺悔させたりするのではなく，その欲望を語らせ見つめ直させることで自己管理をさせる手法である。そのため，表面的には教師が子どもに強制して道徳的価値を押しつけるような授業スタイルではなく，あたかも子どもが授業の話し合いのなかで主体的に納得し合意を形成したかのように見える。しかし，実際のところは資料の作者や教師がねらいとした道徳的価値をそのまま巧妙に刷り込んでいるにすぎない授業も少なくない。

　こうした心情把握型の道徳授業では，子どもの生活経験と授業の道徳的内容とが隔絶するため，本音と建前，理想と現実も次第に解離していくことになる。子どもは展開前段で読み物資料に出てくる主人公の気持ちを繰り返し問われるため，それに続く展開後段で実際の自分の日常生活における具体的な道徳的問題について判断を問われても，主人公の気持ちに同調させた建前的な発言をす

るようになる。しかし，子どもは自分の生活経験に基づく本音と架空の主人公に同調した建前との間にあるギャップを埋めることができないため，授業中は資料に即した道徳的価値に結びつけて模範的な発言をしたとしても，その道徳的価値を日常の道徳的実践には移さないことになる。

そもそも道徳の資料で示される物語には作者がいるため，その物語で語られた内容にはその作者の意図（ねらい）が含まれている。こうした物語は作者の考えによって支配されており，人間なら誰でも登場人物の心情に共感し，そこに込められた作者のねらいを理解することができると想定されている。たとえば，先の「手品師」であれば，原作者の江橋照雄は次のように語っている。

　「『手品師』は，『誠実』を主題にして創作した物語である。『誠実』は，道徳性の根幹にあるものであり，すべての道徳的行為のもとであると考えている。すなわち，人間として，よりよく生きるための基盤である。筆者は，これまで，道徳教育は『愛の教育』であると主張してきた。ここでいう『愛』とは，『相手にとってよかれと願うこと』であり，これこそ『誠実』であるととらえている。物語に登場する手品師は，めぐまれない少年に対して誠実に生きようとした。このように，他人に対しても，自分に対しても誠実に生きようとした手品師の崇高なまでの生き方にふれさせ，人間としていかにあるべきかを子供たちに考えさせるよすがになればと願い，この作品を創作したのである。」[4]

このように作者は「誠実」を指導するねらいでフィクションをつくり，子どもはその資料の登場人物の心情に共感することで正常な心情をもつとみなされ，その登場人物の価値観に同意することで正常な理性をもつと評価される。それとは逆に，子どもがこうした登場人物の心情にうまく共感できないと心情の正常さを疑われ，そのねらいとする道徳的価値に納得できないと理性（人間性）を疑われることになる。このように道徳的な心情や理性を巧みに誘導することで，子どもを陶冶（あるいは矯正）しようと試みるのである。

今日のように価値観が多様化する社会においては，こうした型通りの道徳授業で提示された道徳的価値や教訓に納得できず，不平や不満を言う子どもたち

がいるのは当然であろう。たとえば，「手品師の生き方を見習いなさい」と言われても，「自分の将来の夢を投げ出して，たまたま知り合った少年との約束を頑なに守ること」などなかなか真似できないだろう。実際，筆者もこの資料を用いた道徳授業を何度か参観しているが，子どもたちは「手品師はそうすればよいと思う」「手品師はそうして良かったと思う」などと答えるが，「もし自分ならそうはしない」と答える者も多くいる。また，この授業を参観した保護者たちも「この手品師の生き方を自分の子どもに見習わせたくない」と発言する声も少なくない。当の教師自身も，終末の説話では「先生が手品師なら，こんなふうに立派にはできないかもしれないな……」と正直に語る場合もあるが，その後で「ただ，普通はできないからこそ，手品師の生き方は誠実で立派なんだね」などと上手くまとめることになる。

　こうした心情把握型の道徳授業で救いとなるのは，たとえ子どもが主人公の言動に疑問をもち，本心では納得できなかったとしても，それで子どもが責められたり，道徳性を数値で評価されたりすることはないし，こうした主人公の価値観を実際の日常生活や自己の生き方に結びつける必要もないことである。そのため，子どもは授業において教師のめざすねらいに沿うように適当に発言すればよいことになる。その結果として，子どもは本音と建前を使い分け，生活経験と道徳授業を区別し，思考と心情と身体をバラバラに解離させることになる。

　こうした道徳授業の問題点は，資料にあると指摘されることも多い。道徳授業で使われる資料は，一つの物語を１単位時間だけで終わらせる必要があるため，内容が非常に平易で国語科の教科書に比べると１学年くらいレベルを低く設定してある。そのため，子どもでも物語の内容がすぐ理解できるという点では便利だが，ねらいとする道徳的価値も簡単に見抜けてしまうため，実際の子どもの発達状況と比べると幼稚で白々しく思える内容も多い。たとえば，先の「手品師」では「誠実」を主題にしており，教師がその価値を教えたいと考えていることくらいは小学生にでも一読してすぐわかるだろう。こうした手品師の生き方の是非について議論すれば，小学生でも大いに盛り上がるものだが，

それでは「誠実」という主題に迫れなくなるため，結局は手品師の心情を共感的に理解させることに終始する授業となることが多い。この点を宇佐美寛は次のように批判している。

「教師は，手品師の行動を望ましいものだと決めてかかり，疑問や批判を起こさせようとはしないのである。手品師の行動は望ましいという前提を設けたのだから，当然のことながら，考えさせることは何もなくなってしまう。手品師の〈気持ち〉を言葉にして言わせるくらいしか授業ですることはなくなってしまうのである。」(5)

たしかに教師が手品師の行動を望ましいと決めてかかれば，子どもが自ら思考を働かせる余地はなくなり，後はただ主人公の気持ちを言い当て，見え透いた道徳的価値（誠実）に辿りつくことになる。これでは子どもの判断力，論理力，批判力などは働かず，ただ物語を追認するだけになりかねない。

さらに，資料の内容について敷衍すると，実際の子どもたちはテレビや漫画やゲームなどで道徳の資料とは比べものにならないほど面白く楽しい物語をたくさん見聞きしているため，道徳資料に掲載されている物語は現実離れした空々しいフィクションだと思えることもある。道徳資料は，たいてい古典的な名作や代表的な物語から基本的な構成要素を取り出し，組み直されて創作されたフィクションが多いため，類似したワンパターンな作品が多い。こうした道徳資料が実質的に子どもたちのリアルな日常生活や人間関係に対応していないことは，教師も子どもも了解しているため，資料から意味を受け取ったり日常生活で道徳的実践をしたりするためではなく，たんに傍観者あるいは第三者として資料を読んでコメントする（消費する）ことで終えることになる。

こうした心情把握型の道徳授業の問題点については，教師たちも意識しており，従来から指導が形式化（形骸化）し，現実離れしているという批判の声が数多く寄せられてきたが，そのスタイルが変えられることはあまりなかった。もちろん，そこには形式的でも道徳授業を普及徹底させたいと願う教科調査官や指導主事や校長などからの指示・命令も影響しているだろうが，それだけではない。実は，教師も子どもも道徳授業は理想（ネタ）であり，日常の生活経

験におけるリアルな人間関係の対立やトラブルには通用しないことを承知しているが，それだからこそそうした現実世界からは目を背けて，心情把握型の道徳授業に固執し続けてしまうパラノ・ドライブが生じているように思われる。こうした従来の道徳授業の弊害を取り除くために，多様な指導法が切実に求められてきたのである。

第2節　新しい道徳授業の特徴と課題

1　新しい道徳授業の登場

　1970年代から1980年代にかけてポストモダン時代が本格的に到来する時期に，近代の学校教育のあり方が根本的に問い直され，学校の授業スタイルもさまざまな改革が行われた。従来の道徳授業では，「大きな物語」に依拠する教訓的なストーリーを読み込み，登場人物（特に主人公）の心情に共感させながら道徳的価値を自覚させようとしてきた。そこでは，子どもたち一人ひとりの個性や差異よりも「大きな物語」に基づく道徳的価値体系の理解や受容に力点が置かれていた。それに対してポストモダン時代においては，統制的な管理教育における規範力や同調圧力が弱まり，道徳授業でも子どもが自ら考え，主体的に価値を判断することが許容されるようになってきた。つまり，従来の「大きな物語」に追随して形式的かつ模範的な解答を述べるのではなく，子ども一人ひとりが自分の「小さな物語」に関連づけて道徳的問題を主体的に考え価値判断することが推奨されるようになったのである。こうした価値観の転換を志向する時代背景において，従来の道徳授業を改革するために，アメリカでは進歩主義教育運動の流れをくむ「価値の明確化（values clarification）」，モラル・ジレンマ・ディスカッション，構成的グループ・エンカウンターなどが登場してきた。そこで，本節ではこうした新しい道徳授業の代表的な理論と方法を具体的に検討することにしたい。

2 デューイの道徳教育論とプラグマティズム

　新しい道徳授業の具体的な説明に入る前に，その源流となる進歩主義教育の理論的指導者であったデューイの哲学と教育理論をみておきたい。デューイは学校を共同社会的な生活形態として，学校教育全体を通じて子どもに道徳的影響を及ぼし，民主的で進歩的な社会の良き市民として育成すべきであると考えている[6]。このように日常生活に有機的に結びついた学校の教育活動全体を通して，子どもが社会的行動の場面における道徳的問題に取り組み，道徳行為に関して主体的に判断したり協働探究したりすることが，道徳的な人格形成には不可欠であると考えたのである。

　こうした考えをもつデューイは，当時のアメリカの道徳授業のあり方に反対している。この当時の道徳授業とは，ヘルバルト主義の教授理論からの影響を受けており，人間性の本質を観念的に措定したうえで，道徳的な規範や規則を知識として教え込むような授業であった。デューイによれば，こうした教授法では「正直」や「親切」という「道徳についての観念 (ideas about morality)」を子どもに教え込むことはできても，単なる形式的で非現実的な認識にとどまってしまう[7]。また，道徳的価値を相互に切り離してそれぞれ単独で開発しようとするため，現実離れするとともに道徳的価値の包括的性質を喪失することになり，人格形成に結び付かなくなるのである。また，当時は宗教教育と関連した内省的方法によって心情や態度を追究する道徳授業も広く行われていた。デューイは，こうした良心を涵養する道徳授業が常に自らの感情の状態を詮索し，密かにそれを見張る病的な良心が身についてしまう危険性があり，場合によっては感情や動機を過度に詮索する内罰的な人，病的なまでの意識過剰な人，あるいは外罰的で攻撃的な偽善者をつくり上げることになると批判する[8]。

　それに対して，デューイは行動の指針として働く「道徳的観念 (moral ideas)」の習得を重視したのである。子どもを活動的な存在としてとらえたうえで，たんなる「道徳についての観念」や「善い意図」をもたせることではなく，行動を導く「道徳的観念」を獲得させ，それを実行に移すことに力を入れ続けるような道徳的人格を形成するべきであると考えるのである。

こうした見地から，デューイは「慣習的道徳」と「反省的道徳」とを区別している(9)。慣習的道徳とは，行為の標準と規則を先祖伝来の慣習（伝統・常識・慣例・制度など）に置くもので，一方の反省的道徳とは，良心や理性や思考を含む何らかの原理に訴えるものである。そこで，慣習的道徳に拘束された従属的な自己ではなく，反省的道徳を活用した主体的な自己を再創造することが肝心であると考えるのである。こうした反省的道徳を確立するために，デューイはプラグマティズムの見地から科学的方法や科学的態度を倫理や道徳の分野にも適用している。このように科学的判断と道徳的判断との間に論理的相違を認めず，人間的・社会的目的のために両者を組織的かつ継続的に活用する反省的道徳の教育方法を構想するのである。

デューイはプラグマティズムの見地から反省的思考の過程を以下のように分析している(10)。第1に，人間が不明確でどちらともつかない状況に直面して当惑や混乱に陥る段階である。第2に，この問題状況に含まれる諸要素に試験的な解釈を施して，それらがある特定の結果をもたらす傾向を示していることを見出す段階である。第3に，問題を明確に規定してその内容を解明するために，あらゆる可能な事態を慎重に調査する段階である。第4に，その結果として考案された仮説をより正確で首尾一貫したものに精緻化する段階である。第5に，現に直面している事態に適した行動計画として精緻化された仮説にもとづいて行動する段階である。このように問題状況を明確に把握し，その解決策を仮説として設定し精緻化して，実際にその仮説をテストして結果を省察する過程に注目するのである。

こうした反省的思考を道徳授業に適用する場合に，デューイは子どもが道徳的問題を解決する思考過程に応じた次のような学習指導過程を設定している(11)。第1に，道徳的問題に関する人間関係の場面を精神的に構築し，第2に，問題状況や人間関係の場面の本質を認識し，第3に，その認識に基づいた解決の行動方針を立案し，第4に，その行動方針を検討して自己決定する。実際の授業ではこれらの段階に形式的に拘束される必要はなく，子どもが問題解決する際の偶発的な思考過程に応じて臨機応変に対処することになる。こうした問題解

決を目指した反省的思考は，子どもたちが主体的に探究的な学習に取り組むことができるとともに，子ども同士の自由な意見交流を通して道徳性を育成することができるのである。

このようにデューイは，子どもが自ら道徳的問題に直面し，そこに道徳的な対立や葛藤を見出し，それを解決する学習を重視したのである。わが国の道徳授業のように，資料に登場する人物の心情を考えることで道徳的実践力が育成できたことにするのではなく，子どもが自ら道徳的問題を具体的に認識し，それを現実的に解決することで，真の道徳的実践力が身につくようにしたのである。こうしたデューイの構想した問題解決型の道徳授業は，後にアメリカの道徳授業として有名な価値の明確化，モラル・ジレンマ・ディスカッション，新しい人格教育などに継承されていくことになるのである。

3　価値の明確化

従来の道徳授業では，教師が求めている道徳的内容に合わせて子どもが建前で模範的な発言をすることが多いため，子ども一人ひとりの本音や本心の思いが蔑ろにされることがある。そこで参考にしたいのは，アメリカで1960年代の中頃から1980年代の初期にかけて流行した「価値の明確化」である。価値の明確化が登場する時代的背景には，ベトナム戦争によって生じた社会不安から伝統的な社会規範や道徳的価値が疑われ，若者を中心に新しい価値の創造をめざす風潮が高まっていたことが影響している。価値の明確化を最初に提唱したラス（Louis E. Raths）は，前述したデューイの教育理論や価値理論を継承して授業方法を開発している。価値の明確化では，旧来の伝統的な社会規範や保守的な価値観の押しつけに反対し，子ども一人ひとりの価値観をあるがままに尊重し，本当の自分らしい価値観を明確化にしていこうとする。子ども個人の価値形成の過程に重点をおき，日常生活において興味や関心を抱いたことを取り上げ，あるがままの感じ方や考え方を尊重し，自ら考えて判断し内省を深めることに力を入れるのである。

価値の明確化の手法として特徴的なのは，次の4点である[12]。第1に，生

活に焦点を当てる。第2に，子どものあるがままの姿を受け入れる。第3に，さらに反省を進展させるように促す。第4に，個人の力を助長する。このように価値の明確化では，子どもが日常生活において興味や関心を抱いたことを取り上げ，子どものあるがままの感じ方や考え方を尊重し，子どもに自ら考え自主的に判断し内省を促すことによって，個人の力を助長しようとするのである。

　こうした思考を進める過程は以下の三つの段階に分けられる(13)。まず，子どもは道徳的問題に直面して，複数の選択肢から価値を自由に選ぶ。もし選択肢に自分に合う考えがなければ，新たに選択肢をつくってもよい。次に，自分の考えた解決策を尊重し，人にも肯定できるようにする。最後に，自分で考えた価値や解決策を実際に行為に移して，人生のあるパターンになるまで繰り返し行う。ここで子どもは自分が考えた解決策の効果を確認することができる。もし悪い効果しか出ないようなら修正を施す必要があるし，良い効果が現れるようであれば繰り返し行い，習慣として身につけるようにする。

　こうした価値の明確化のプロセスをより体系化し洗練したのが，カーシェンバウム（Howard Kirschenbaum）である。彼は，価値の明確化にカウンセリング・スキルを用いた問題解決のプロセスを取り入れて，次の5段階に分類して提示している。第1に，批判的，論理的，創造的，多角的に考えることである。第2に，自分自身の内なる感情に気づき，その感情を受け入れ，抑うつ的な感情を取り除き，肯定的な自己概念を味わうことである。第3に，明確なメッセージを伝え，共感的に理解し，コミュニケートすることである。第4に，選択肢を考え出し，それぞれの選択肢の結果をじっくり検討することである。第5に，繰り返し，一貫して，スキルを使いながらうまく行動することである。ただし，価値の明確化の授業では，このすべての段階を行う必要はなく，第3のコミュニケートする段階で終わることもあれば，第4の選択肢を検討し合う段階で終わる場合もある。

　こうした価値の明確化は，既成の価値観や規範の教え込みを否定し，カウンセリングの理論や技法を援用することで，子どもの個性や自己決定を最大限に尊重し，子ども中心の道徳授業を展開している点で画期的である。また，価値

の明確化は，子どもの感じ方や考え方を最大限に尊重し，個人の感情を尊重したり思考のプロセスを大切にしたりする点でも優れている。価値観が多様化したアメリカ社会では，あるがままの自分を尊重し，自らの価値観や願望を率直に語り合い，互いに自己主張し合う授業スタイルは，教師からも子どもからも歓迎され，広く流行することになった。

実際の価値の明確化の授業では次のような題材が使われる。たとえば，子どもが主体的に価値を選択するトレーニングとして，「適切と思うものから順番に番号をつけ，その理由を述べてください」と問う。

(1) どれが好きですか？――「冬の山，夏の海，秋の田舎，春の公園，その他」
(2) もし私があなたに100万円あげたら何に使いますか？――「貯金する，慈善団体に寄付する，自分のものを買う，その他」
(3) あなたにとってどれが大切ですか？――「友情，お金，愛情，真理，良心，契約・約束，宗教，権力，法律，体力，食べ物，その他」

以上のように比較的簡単に自分の価値観を表明できる内容項目から順々に答え，本格的な価値観を問う内容項目に入っていく。たとえば，次のような「友情」に関する価値シートを子どもに取り組ませる。

(1) あなたにとって友情とはどんな意味をもっていますか？
(2) あなたがその人たちを選んで友達になったのですか，偶然に友達になったのですか？
(3) あなたはどのように友情を表しますか？
(4) 友情を発展させ，維持することはどれくらい大切だと思いますか？
(5) あなたが今までの友情のあり方を変えようとしている場合には，どのように変えたいのか教えてください。変えようとは思っていない場合は，その理由を教えてください。

また，読み物資料を使ってクラスで話し合う場合もある。以下の資料は諸富祥彦が紹介している「大きな川」（小学校5年生用）の概要である。

「ミチコの恋人のソウシは，大きな川の向こう岸に住んでいる。ミチコはソウシとデートするため渡し舟に乗ろうとしたが，乗りそこなって遅刻

しそうになる。そこでミチコは近所のリョウマにボートに乗せてくれるよう頼んだ。リョウマはその交換条件としてソウシからもらった指輪をくれるよう要求した。ミチコはそれを断り立ち去った。次に，ミチコは友だちのルミにボートを貸してくれるよう頼んだが，ルミは『私には関係ないから』と言って貸してくれなかった。そこで，ミチコは再びリョウマのところへ行き，仕方なく指輪と交換でボートに乗せてもらった。ミチコはソウシと会ってデートしたが，それまでの経緯を聞いたソウシはカンカンに怒った。ソウシは『おばあさんからもらった思い出の指輪なのに。僕の気持ちを分からない君なんて嫌いだ』と言って去って行った。ミチコはショックで泣き崩れると，そこに偶然ミチコを好きなコジロウが通りかかった。理由を聞いて怒ったコジロウはソウシの後を追いかけて，『どうしてミチコの気持ちがわからないんだ』と言ってソウシを殴りつけた。」[14]

こうした文章を読んだ後に，「上の資料の登場人物の中で一番許せると思う人，一番許せないと思う人を選んで，その理由も書きなさい」と指示する。ここでの時間は10分で，正しい答えはなく，自分なりの答えでよいことも伝える。この資料もユニークだが，発問もまた斬新である。従来の道徳授業なら，「ミチコはその時どんな気持ちだったでしょう」と問うところを，価値の明確化の授業では「誰が一番許せるか，一番許せないか」を問うのだから，実際にやってみると非常に面白く盛り上がるものである。従来の道徳授業に退屈していた子どもたちでも楽しく喜んで行うことだろう。

ただ，一方では価値の明確化の授業について道徳教育としての効果を疑問視する声もある。その代表的な見解を以下にいくつかあげてみたい。

まず，価値の明確化は，カウンセリングの理論や技法を取り入れているが，そもそも道徳教育とカウンセリングは根本的に違うという点である。価値の明確化に影響を与えたロジャース（Carl Ransom Rogers）の来談者中心療法は，自律的な大人に対して一対一で面談することを前提としているため，カウンセラーがクライエントの悩みを傾聴して共感的に理解するだけでも，人生の問題を見つめ直して問題を解消したり解決策を自ら見出したりすることはある。しか

し，まだ小中学生のような未成年の場合は人生経験に基づく思考力，判断力，想像力，共感能力がまだ十分に発達していないため，時として誤った判断や愚かな言動をしてしまうこともある。

次に，価値の明確化では来談者中心療法のように非指示的手法や非審判的手法を用いるため，どんな価値も無差別に受け入れる点である。たしかに善悪に関係のない内容を気楽にランキングにして楽しむだけであれば，「いろいろ価値観があって面白いね」でもよいが，悪徳に基づく行為（たとえばカンニング，いじめ，暴力，窃盗，麻薬など）を選ぶようであれば問題がある。いいかげんなランキングをゲーム感覚で行っていると，道徳的価値が混乱して無責任な悪徳的行為を平気で選択する場合もある。また，実際にその悪徳に基づく行為をした場合，厳しい生徒指導で処罰するとすれば，道徳の指導に一貫性がないと批判されることにもなるだろう。

第3に，子どもが自分の個性や感性を自分らしい価値観として表明する場合であっても，実は単に自らの衝動的な欲求や欲望をさらけ出しているにすぎないことも多い点である。また，子どもが自由に選んだ独自の貴重な価値観と思っていたものが，実は教師や親からの受け売りだったり，テレビや新聞や雑誌・漫画などのマスコミで聞き知ったことだったりすることもある。こうした借り物の価値観であっても，子どもは自分独自の大切な価値観であると思い込むため，後で修正することが困難になりがちである。こうして子どもは自己中心的で快楽主義的な欲望や他人から植え付けられた価値観であっても，それに固執してしまい，結果的に価値の認識を深めることにつながらないことがある。

第4に，価値の明確化は，思考と選択と行為を一連のプロセスとしてとらえ，子どもが自らの価値を選択し尊重するだけでなく，価値選択に基づいて行為し習慣化することをめざしていたわけだが，実際の授業をみると，子どもの価値観を場当たり的に表明して終える程度のものが少なくない点である。自分の価値を明確化することは，問題解決の初歩的な段階であり，そこから推論したり共感したりして解決策を構想するべきであるが，そのあたりがおろそかになっている。そのため，子どもたちは授業中に多様な価値観を表明して盛り上がる

が，実際の問題解決や道徳的実践に結びつかないことが多いのである。

　子どもたちの価値観をそのまま受容して共感的に理解することは大切であり，「みんな違って，みんないい」のであるが，道徳授業では価値相対主義に陥って混乱し，道徳的実践にもつながらないことが多い。そのため，価値の明確化に対して批判や反対の声が徐々に高まってくるのである[15]。

4　モラル・ジレンマ・ディスカッション

　従来の道徳授業は，登場人物の心情を理解することに重点を置くため，その人物と自分の考えが解離する場合も少なからずあった。それを克服するために参考にしたいのは，子どもが登場人物の立場にたって考え，その悩みや心の揺れを理解しながら自分なりに判断し議論するモラル・ジレンマ・ディスカッションである。上述した価値の明確化との関連でいうと，価値の明確化は，子ども同士が互いの価値観をあるがままに受け入れ尊重し合う点では優れているが，どのような価値観でも分け隔てなく受け入れてしまうため，評価基準があいまいになり，価値相対主義に陥り，道徳的混乱を引き起こす点では問題がある。こうした道徳的混乱を克服し，道徳性の発達基準を明確に示すために，モラル・ジレンマ・ディスカッションは有効なのである[16]。

　モラル・ジレンマ・ディスカッションは，コールバーグ（Lawrence Kohlberg）が認知発達心理学を基にして開発した道徳授業である。コールバーグもまた前述したデューイの教育理論を参考にし，ピアジェ（Jean Piaget）の発達心理学を取り入れながら，正義へ向けた発達を目的とする認知発達的アプローチを開発し，具体的なモラル・ジレンマの資料を活用した授業実践を展開している[17]。コールバーグは，子どもの発達は個人と社会環境との相互作用によって引き起こされる不均衡が均衡化される過程で起こると考え，子どもたちがどのように行動すべきか迷うモラル・ジレンマの物語を設定し，それを議論する過程における認知構造の変化に着目した。コールバーグは，道徳的発達をうながす環境要因として以下の三つをあげている。まず，役割取得が求められるさまざまな経験の場を与えること（役割取得の機会），次に，道徳的認知的葛藤

を生じさせること，そして第3に，公正な道徳的環境を整えることである。コールバーグは，このような環境要因において人間がどのような道徳性をもつようになるのかに注目し，道徳性発達段階を3水準6段階に分けて設定した。まず，水準は前慣習的水準，慣習的水準，慣習以降の3水準に分かれる。次に，前慣習的水準では，⓪自己欲求希求志向，①罰回避と従順志向，②道具的互恵主義志向の段階に分けられ，慣習的水準では，③よい子志向と④法と社会秩序志向の段階に分けられ，そして慣習以降の水準では⑤社会契約と法律的志向と⑥良心または原理への志向の段階に分けられる。

　たとえば，資料「ハインツのジレンマ」では，癌を患う妻のために高価な薬を盗むかどうかを主人公の立場で考える問題に取り組ませ，子どもたちがどのように行動するかについて討論し，道徳的判断の理由づけを検討し合うことになる。こうしたモラル・ジレンマの道徳授業の特徴としては，まず，競合する道徳的価値について子どもたちが集団で議論し合うことに重点を置くため，オープン・エンド形式とすることである。次に，教師は子どもに教訓や説教をすることはなく，子ども同士の自由な討論を促し，それぞれの意見の理由を尋ねるようにすることである。第3に，議論において子どもたちが他者の意見にふれながら低次の段階にある理由の問題点に気づき，高次の段階にある理由を見出せるようにすることである。

　以上のように，モラル・ジレンマの道徳授業も，従来のように価値の教え込みに陥りがちな道徳授業に対抗して，子ども自身の価値観や自己決定を最大限に尊重する点では，前述した価値の明確化と共通している。こうした道徳授業は，従来の進歩主義教育の流れを継承しつつ，子ども一人ひとりの個性や差異を最大限に尊重し，子どもが自分の価値観に基づいて自己決定をし，アイデンティティの形成を助長しようとする点で優れている。さらに，モラル・ジレンマの道徳授業で注目すべき点は，発達段階の評価基準に基づいて道徳性の発達を支援できるという点である。価値の明確化では，意見や価値観の差異や多様性をただ寛容に認め合うだけであったが，モラル・ジレンマでは，道徳の明確な評価基準を設定することで子どもの道徳性の発達状況を確認しながら，より

高次の道徳的認識へ発達を促すように設定されるのである。

　ただし，こうしたモラル・ジレンマの道徳授業にも少なからず批判が寄せられている。まず，何が善くて何が悪いのかという道徳的価値を深く吟味することがなく，また道徳的問題をどう解決すればよいかという議論もないまま，オープン・エンドで終えることが多い点である。そもそもモラル・ジレンマの道徳授業は，子どもの理由づけに焦点を当てるものであり，道徳的問題の内容や解決の方法を検討するものではないため，議論が深まらないこともある。

　次に，道徳性発達段階の低い子どもたちが高い道徳的価値に気づいて，それを謙虚に受け入れようとする姿勢がなければ，道徳的成長など期待できない点である。また，道徳性がいくら高く位置づけられた場合でも，価値を行為に結びつけることもしないで終わることが少なくない。また，自ら選んだ道徳的判断にもとづく行為をした場合でも，もしその行為（たとえばいじめや万引き）が社会通念上で悪いことであれば，道徳の理由づけにかかわらず，認めるわけにはいかないことになる。たとえば，万引きをテーマにしたモラル・ジレンマの道徳授業であれば，「物を盗むことは善いことか悪いことか」「万引きする友達を止めるか止めないか」「自分なら盗むか盗まないか」を二項対立の図式で議論することになる。このまま議論したところで，現実の万引きをなくすことには繋がらず，逆に万引きを正当化する理由づけを認めることさえあるため，道徳的に混乱が生じてしまうのである。

　第3に，モラル・ジレンマの道徳授業では議論することで子ども相互の価値観の相違は確認できても，道徳上の行動変容や習慣形成をしたりするまでには至らない点である。

　以上のような問題に直面した晩年のコールバーグは，実際の学校運営に携わる際には，モラル・ジレンマの道徳授業を使うことはなく，生徒の日常的な生活習慣と結びつけた道徳教育を行い，「公正な共同体（just community）」を構築することに努めている。

5 構成的グループ・エンカウンター

　従来の道徳授業では，子どもが資料を用いて話し合うだけであるため，机上の空論となりかねず，日常生活の道徳的実践には結びつかないことが多かった。そこで参考にしたいのは，授業に体験活動を積極的に導入する構成的グループ・エンカウンターである。構成的グループ・エンカウンターも進歩主義教育の流れをくむ授業だが，体験活動（エクササイズやアクティビティ）を授業のなかに取り入れる点では，前述した価値の明確化やモラル・ジレンマ・ディスカッションとは一線を画すユニークな特徴をもっている。

　そもそもエンカウンターとは，「出会い」を意味しており，具体的には「心と心のふれ合い」を指している。グループ・エンカウンターとは，前述したロジャースが来談者中心療法を大人の健常者グループに適用したもので，1960年代後半からアメリカで流行した集団的な心理療法の一種であった。その集団療法を学校の教育活動に合うように構成（structured）し直し，学級集団全体にカウンセリング的な働きかけをして，自己変革，自己啓発，集団形成，学級形成を促す方法としたのである。日本でも道徳授業にかぎらず特別活動や総合的な学習の時間などに広く導入されている。

　構成的グループ・エンカウンターでは，社会的規範や他者の価値観による拘束から解放され，本音で交流し合う人間関係のなかで，他者と出会うとともに真の自己とも出会い，かけがいのない自分と他者を大切にするようになると想定されている[18]。こうした構成的グループ・エンカウンターの特徴は，価値の明確化やモラル・ジレンマ・ディスカッションと同様に，子ども同士が互いに本音で語り合い，自由で主体的な価値判断をし，自他の理解を深める点にあるが，それだけでない。構成的グループ・エンカウンターの最大の特徴は，ねらいを達成するために用意されたエクササイズあるいはアクティビティによって子どもの身体にも働きかけ，思考や感情だけでなく身体を通してリアルに実感したり，スキルを習得したりできることである。こうした手法は，カウンセリングのなかでも来談者中心療法だけでなく，認知療法や行動療法を組み合わせることで，思考・感情・身体をバランスよく育成しようとしているのである。

この構成的グループ・エンカウンターのエクササイズは，自他理解，身体を通した実感，スキル・トレーニングの三種類に分類することができる。

　まず，自己理解のエクササイズとしては，たとえば，「私は〜です」という文章を10以上つくらせて互いに発表させる。こうしたエクササイズを通して，自己の深層心理を再発見すると共に，これまで知らなかった他者を再発見することにもなる。また，他者理解のエクササイズとしては，クラスメイトとともにお互いのよいところを見つけ合い探し合う「いいところ探し」や「Xからの手紙」がある。こうしたエクササイズを行うことで，他者の良さを見つけるとともに自分の良さを知り，それぞれがもっているさまざまな良さを伸ばしていこうという価値観を体験的に理解することができる。

　次に，身体を通して実感するエクササイズとしては，たとえば，「ブラインド・ウォーク」というエクササイズを行うことで，目の不自由な人の生活感覚を自分自身でリアルに体験し感じ取ることができる。また，目を閉じて後ろに倒れ相手に支えてもらう「トラスト・フォール」や，目を閉じて相手に歩行を誘導してもらう「トラスト・ウォーク」をすることで，身体的なレベルで相手を信頼したり，相手から信頼されたりする体験をすることができる。従来の道徳授業であれば，事前指導や事後指導で行う体験活動を授業内に組み込むことで，ねらいとする価値に直接的に迫ることができる。

　第3に，スキル・トレーニングとしては，たとえば，ソーシャル・スキル・トレーニング，ライフ・スキル・トレーニング，セルフ・アサーション・トレーニングなどを挙げることができる。たとえば，挨拶の仕方，友人関係のあり方，自己主張の仕方などをトレーニングするのである。これまでの道徳授業は，道徳的心情の育成に偏っていて，実効性が低いことが難点であったが，実際にスキルを用いることによって実践的に学ぶことができる。近年の子どもたちは人間関係のノウハウを学ぶ機会が生活のなかに少なく，人間関係をうまく調整していく能力が育っていないといわれるため，「こんなときどうすればいいか」を体験的に演習形式で学ぶことは有意義であろう。このように人間関係でもマニュアルを設定し，スキルを訓練して習得すれば，誰でも簡単に安心して快適

な学校生活を送れると想定されている。こうした体験的な道徳授業が行われるなかで，子どもは自らの個性や差異を自由に表現しつつ，自分を適切に表現し道徳的実践できるようになると考えられている。

　ただし，こうした構成的グループ・エンカウンターにも問題点はいくつかある。第1に，見方や考え方を変えれば，道徳的に優れた人格に変わることができると安易に考えがちな点である。実際のところ，見方や考え方を変えるだけでは，一時的に言動が改善されることはあっても，その人の道徳性や人格にまで影響を及ぼすことは稀である。たとえ肯定的かつ積極的な見方や考え方に変えたとしても，「自分は何でもできる」という万能感をもったり虚栄心を煽ったりすることにもなりかねない。

　次に，構成的グループ・エンカウンターは本音の交流を図るため，時に感情的な衝突や対立が生じて喧嘩になったり，トラウマ（心的外傷）に触れて泣き出したりする子どもがいることである。道徳授業は個別のカウンセリングではないため，適時に個々の子どものトラブルに危機介入することが難しい場合もある。学校現場で行われるエクササイズでは，簡単なゲームや人間関係づくりを取り上げ，そこでは他者に対する否定的言動や攻撃的言動を禁止し，肯定的言動や賞賛だけ認めるというルールを徹底することもある。しかしそれで本音の交流といえるのかという疑問も残ることになる。

　第3に，構成的グループ・エンカウンターでは人工的に学習環境を設定して，役割演技やスキル・トレーニングをするわけだが，それは現実世界では通用しないことが多いという点である。たとえば，自分の日常生活と無関係のメンバーが相手ならいくらでも自己主張できたとしても，現実にトラブルの種になる相手（友達，親，教師など）には何も自己主張できないことがある。また，仮にトレーニングの成果として現実の相手に強い自己主張をした場合，手酷い反撃を受けたり人間関係が壊れたりすることがある。このように現実的には何の問題解決にもならない場合，その教育的意義が問われるだろう。

　以上のように，従来の道徳授業に対抗するかたちで登場した新しい道徳授業として，価値の明確化では，子どもの本音や本心を出やすくして，お互いの価

値観の多様さを認め合い尊重し合うことができるし，モラル・ジレンマの授業では，子どもが自ら道徳的問題に取り組み自由に討論することもできるし，また構成的グループ・エンカウンターでは，授業内でエクササイズやトレーニングなど体験活動を行うこともできる。その意味では，それぞれ従来の道徳授業にはない魅力が満載であり，画期的なスタイルではある。しかし，その一方で，それぞれの項でも指摘したとおり，価値の明確化では，子どもたちの道徳的価値を混乱させる傾向があるし，モラル・ジレンマでは，道徳的な理由づけだけに終始して，行為や習慣に繋がらない傾向にあるし，構成的グループ・エンカウンターでも，非現実的な意見表明やたんなるスキル・トレーニングで終わることもある。こうした新しい道徳授業では，たしかにわが国の従来の道徳授業を根本的に変容させる力をもつが，いわゆる道徳授業の特質（たとえば，道徳的価値の自覚を深めること）からは大幅に逸脱するため，そのまま全面的に導入することには無理があるのも事実なのである。

第3節　道徳授業の「第三の道」

1　価値の伝達か創造か

　道徳授業の目標は，道徳的価値を伝達して子どもの社会化を図るべきなのか，それとも子どもが自由に道徳的価値を創造して個性化するのを助長するべきなのかで意見が大きく分かれてきた。前節までの内容で振り返ると，まず近代的な学校教育における道徳授業では，既存の価値体系を中心として学習指導要領の内容項目に記された道徳的価値を計画的かつ系統的に教え伝えることが重視された。それに対抗するかたちで登場した進歩主義教育（価値の明確化，モラル・ジレンマ・ディスカッション，構成的グループ・エンカウンター）の道徳授業では，既存の価値体系に拘束されず，子どもが自ら道徳的問題を考え，主体的に価値を判断したり，新たに価値を創造したりすることが重視された。

　ここで，伝統的な価値の伝達をめざす道徳授業を「価値伝達型」と呼び，子どもが自らの価値観を尊重したり新たな価値を創造したりする道徳授業を「価

値創造型」と呼ぶことにしたい。前者の価値伝達型の道徳授業では，社会で既に承認されている価値体系に則った内容項目を系統的かつ系統的に伝達し，子どもに道徳的価値の自覚を深めさせようとする。現在でも文科省や教育委員会がトップダウン式に推奨している道徳授業は，基本的にこの価値伝達型に属する。こうした授業では，もともと既存の社会にある一般的で常識的な価値（たとえば，思いやりや正義など）を教えるため，単純でわかりやすく誰にでも受け容れやすいという利点がある。それに対して，価値創造型の道徳授業では，子ども一人ひとりの個性や価値観が尊重され，話し合いのなかで従来にない新しい価値を自由に創出し，それを自己表現することができる点で優れている。

　この価値伝達型と価値創造型を比べると，今日のように価値観の多様化した時代には価値創造型の道徳授業の方が好ましいように思える。しかし，こうした新しい道徳授業も価値の伝達ができず，道徳的実践に結びつかない点が指摘され，子どもたちの間に道徳的混乱が生じたという批判もあった。そこで，1990年代以降の流れのように伝統的な社会規範を再評価する保守反動的（新保守的）な動向が強まり，再び価値伝達型の人気が高まっている。新しい教育基本法とそれに基づいて改訂された学習指導要領でも，新しい文化の創造だけでなく，伝統や文化の伝達をあらためて強調している。

　価値伝達型と価値創造型の道徳授業において分岐点となるのは，読み物資料の扱い方である。わが国の道徳授業は一般的に教師が読み物資料を用いて行うスタイルが主流であるため，資料の選定とその読解方法が重要になる。価値伝達型では，道徳の資料は一つの「作品」として尊重され，その作者の意図が最大限に重視されることになる。子どもたちはこの作品を忠実に読み取り，その作者の意図（その作品のねらいとする道徳的価値）を汲み取ることが最大の関心事となる。つまり，子ども一人ひとりの考え方や感じ方よりも作者の意図（ねらい）が優先されるのである。

　こうした読解の手法を根本的に批判したのが，ポスト構造主義である。たとえば，デリダ（Jacques Derrida）は，読み手の立場を尊重し，書かれたもの以外は，作者の考えまでも一切考慮しない方針を打ち出している。こうしたデリ

ダの手法は，従来の読解につきまとっていた作者の意図を優先する慣習を解体し，それと同時に読み手の側から新たな意味を構築しようとするものであり，「脱構築」と呼ばれた。この手法では，作者の意図（だと思われてきた特定の解釈）から脱却して，読み手を中心にして，書かれたものの新たな意味を創出するような読み方が推奨される。こうした脱構築の手法は，近代的な価値伝達型の読みの支配体制を覆し，進歩主義教育の伝統とも合流して，ポストモダン的な価値創造型の読み方を創り出すうえでの強力な道具となった。

ただ，こうした子ども（読み手）中心の資料読解を採用した場合，多様な価値観の表明や問題解決の議論はできても，それによって学習指導要領が示す内容項目を計画的かつ系統的に伝達できなくなる可能性が高まることになる。この点で，そもそも価値の伝達などしなくてもよいと割り切る主張も多いが，その一方で，子どもが自分らしく価値を判断したり創造したりすることと，計画的かつ系統的に道徳的価値を伝達することとを統合しようとするアプローチもある。言い換えると，子どもの個性や特性を生かしながら自由で主体的な価値判断や価値創造するとともに，計画的かつ系統的に道徳的価値を伝達することを同時にめざすのである。こうしたアプローチが，従来の道徳授業や進歩主義教育の弊害を乗り越え，子どもの観念と現実との解離を克服し，道徳的判断力と道徳的心情と道徳的行為・習慣を総合的に育成する可能性があると考えられ，道徳授業における「第三の道」として注目されてきたのである。

2　統合的道徳教育の試み

以上の道徳教育の歴史的経緯をふまえて，伊藤啓一は統合的道徳教育を提唱している。統合的道徳教育とは，従来のように子どもに道徳的価値を伝達する道徳授業（A型）と新しい道徳授業のように子どもの道徳的批判力・創造力を育成する道徳授業（B型）とを統合する教育プログラムである[19]。A型の道徳授業は，従来通り，ねらいとする道徳的価値を教える（内面化する）ことを第一義とする道徳授業であり，B型は，子どもの個性的・主体的な価値表現や価値判断の受容を第一義とする道徳授業である。このA型とB型の長所と短

所を見極めて，両方を組み合わせてプログラムに構成し，道徳的価値の伝達と創造とをセットにして2回連続の授業を行うのである。それゆえ，統合的道徳教育は，完結するためには最低2時限を要することになるが，同じテーマの道徳授業を2時限連続（90〜100分）で行うのではなく，2週間連続で行うことになる。

　一つのテーマを重点目標としてA型とB型のセットを2度繰り返すことで，以下のような4回連続の授業を統合的プログラムとして構成することもできる[20]。まずステップ1では，B型の授業にして，全員が参加できる授業を計画し，プログラムのテーマに関する子どもたちの価値観を明確にしつつ動機づけを図る。次にステップ2では，A型の授業にして，子どもに資料を読ませ，道徳的価値を伝達する。ここでは，子どもの実態を踏まえ，プログラムのテーマに関わる価値を教える。ステップ3では，ステップ2で教えた価値を揺さぶるような授業構成を考える。つまり，前時に学習した価値と葛藤する場面を設定したり，その価値観からだけでは容易に解決できない問題状況を投げかけたりする（モラル・ディスカッションのようなB型の授業，あるいはステップ2とは価値が相反するA型の授業）。そしてステップ4では，ステップ2より広い視点から，またはもう一段深まった観点からテーマに関する価値を扱い自覚を深める。これはより専門的な情報提供を目的とするA型の授業である。

　このように統合的道徳教育は，子どもに道徳的価値を伝達するA型の授業と子どもの道徳的批判力・創造力を育成するB型の授業とを交互に行うことで，道徳的価値の伝達と創造の両方を別々に達成できると想定している。ただし，統合的道徳教育は理念上では「統合」と銘打っているものの，実際の授業ではA型とB型を別々に並列させているにすぎず，本来の意味での「統合」ではないのが現状である。この点について伊藤は，A型とB型を一つの授業に組み込むことは時間的に無理があるため，二つの授業に分けて行う必要があると主張している。しかし，授業ごとに指導法のスタイルがまったく変わってしまうと，子どもたちは道徳の学び方に混乱したり動揺したりすることがよくある。そこで，こうしたA型とB型を並列させる方法ではなく，両者を融合させる

方法が模索されるようになったのである。

3 新しい人格教育の登場

　アメリカでは新しい道徳授業として登場した価値の明確化，モラル・ジレンマなどに対抗して，1980年代後半から1990年代にかけて「新しい人格教育（new character education）」が台頭してくる。これは一見すると，昔ながらの人格教育が復活したかのように見えるが，実際のところは，価値の明確化やモラル・ジレンマから多くの手法を取り入れながら，道徳的価値をもしっかり伝達するという立場を採るもので，本当の意味でのA型とB型を統合したアプローチなのである。この新しい人格教育は，実際にアメリカの多数の学校で顕著な成果を上げてきたため，1996（平成8）年には当時のクリントン大統領が議会における一般教書演説でアメリカの学校すべてに対して人格教育の実施を要請するまでになった。わが国の文部科学省も1990年代からこの新しい人格教育を評価し，学校現場にも段階的に導入されてきた。

　そもそも「古い人格教育」は，アメリカで1962年と1963年に最高裁判決で公立学校における祈祷と聖書朗読が禁止され，そうした宗教教育を排除した代わりに登場したという経緯がある。それゆえ，宗教と同様に，道徳的価値の普遍性を前提にしており，その道徳的価値（たとえば正直，親切，勤勉など）は特定の文化や信条を超越して，普遍的に存在すると考えていた。そのうえで，人間に共通する本性を規定し，それによって真理を理解させたり美に感動させたりしていた。こうした見地では，道徳的価値は歴史や状況に影響を受けない状態で存在し，各人の心の外部にある普遍的真理であるとされてきた。

　しかし，今日のポストモダン的な思想状況において，このような普遍的真理を万人に共通する理性で認識させようとしても，素直に受け入れることは困難であろう。そこで，「新しい人格教育」では，価値の歴史性や文化性を認める共同体主義に基づいて，道徳的価値を正当化しようとする傾向がある。つまり，道徳的価値を普遍的な絶対的価値とはみなさず，歴史的・文化的に正統化されてきた価値とみたうえで尊重し，その共同体的な価値を子どもに教え伝えるこ

とで品性を高めようとするのである。また，新しい人格教育では，従来のように計画的かつ系統的に道徳的価値を教えるというスタイルを維持しつつ，子どもが主体的に道徳的問題に取り組み，道徳的問題を議論して相互の推論を批判的に考察し，責任をもって解決策を構想するところに特徴がある。さらに，モラル・ジレンマの道徳授業のようにたんに頭の中で見方や考え方を切り替えるだけでなく，自らの信念に基づいて実際に他者と交流を重ね，さまざまな経験や体験を通じて道徳的価値の理解を深め，自己形成することを重視するところにも特徴がある。

ここで「新しい人格教育」の理論的指導者であるリコーナ（Thomas Lickona）が提示する教育方針とその実践例をいくつか紹介しておきたい。基本的には，道徳的価値を体系的に教えるカリキュラムに基づいて，教師は子どもに「徳とは何か」を教え，その重要性を正しく理解するように援助し，「徳を身につけたい」という希望をいだかせ，毎日の生活で徳を実行するように促す。たとえば，「忍耐」についての授業では次のような発問が用意される[21]。

1．「粘り強さ」とは何か？
2．あなたが粘り強く続けることが難しい仕事は何ですか。
3．その仕事が粘り強く続けられない理由は何ですか。
4．もし忍耐が身についたら，どんなよいことがあるでしょう。

このように子ども同士でいろいろ話し合わせた後で，「忍耐」が人生においていかに必要であるかを実感させるのである。また，「規則順守」について考える授業であれば，「人はなぜ規則に従う必要があるのか」を尋ねる[22]。人格教育としての答えは，他者の権利と要求を尊重するからであり，懲罰を恐れたり，報酬を求めたりするからではない。こうした理由をきちんと考えさせることで道徳的に動機づけるのである。

道徳的問題を考える場合には相対主義に流されないように，次のような客観的な倫理基準を尋ねるようにする[23]。

1．今の方策はそれによって影響を受ける人間を尊重しているか。
2．その方策は私に適用されてもよいだろうか（可逆性の原理）

3．私は誰にでも同じことをするだろうか（普遍性の原理）
　4．これを実行することによって，短期的あるいは長期的に，個人あるいは社会全体に対して，良い結果と悪い結果のどちらをもたらすだろうか。

　こうした新しい人格教育は，子どもたちの自尊心を高め，他人を深く尊重し，人生に対して肯定的で積極的な価値観をもつことにより，責任ある社会の一員となることを目標とする。人格教育を実践することで，それまでさまざまな道徳的な問題を抱えていた学校がそれらを根本的に解決するだけでなく，学業成績の向上や奉仕活動の活発化など多くの成果をあげたことが報告されている。

　ただし，新しい人格教育にもいくつかの問題点が指摘される。まず，新しい人格教育は，理論や方法が科学的に洗練されており，歴史的・文化的・社会的な価値の相対性を認めているとしても，根本的にはキリスト教教育の論理構造や普遍的な価値認識を継承している点である。それゆえ，人格教育は宗教的な価値観を信じる者にとっては受け入れやすいが，宗教を信じない者にとっては抵抗を感じやすい面がある。

　次に，人格教育は道徳的価値を知識として教えること（インカルケーション）を重視するが，これは何か偏った教義を注入すること（インドクトリネーション）になりかねない点である。もしこの歴史的・文化的・社会的に正当化されてきた道徳的価値が間違っていれば，そこから三段論法的に導き出された命題のすべてが間違いということにもなる。このように前提となる道徳的価値が間違っていても修正することができなければ，いったん決定された道徳的価値は教師によって善意で子どもたちに押しつけられることになる。この場合，「誰の知識を優先して教えるのか」「誰の人格を基準とするのか」という議論に発展して，アイデンティティ・ポリティックスのような政治的論争の火種にもなりかねない。たとえば，人格教育が社会的地位の高い上層階級文化に価値基準を合わせることにしたら，当然ながらそうした文化に安住する特権的な人々には有利に働くが，その文化に抵抗を感じる人々（マイノリティ）には不利に働くことになるだろう。

　新しい人格教育ではこうした批判や反論を考慮に入れて，前述した価値の明

確化やモラル・ジレンマの手法を部分的に取り入れながら，特定の価値や文化に偏らないように指導方法をより客観的かつ公平に改良しているところである。

4 問題解決型の道徳授業の可能性

次に，これまでの内容を踏まえて，わが国の道徳授業における進歩主義教育の受容について歴史的経緯を振り返ってみたい。わが国の戦後の道徳教育は，デューイの教育理論から影響を受けて，学校の教育活動全体において道徳教育を行う方式（全面主義），および子どもの日常生活と関連づけた道徳教育を行う方式（生活主義）を積極的に導入してきたが，デューイの道徳授業論については十分な吟味をせず，あまり導入されることがなかった。わが国で 1958（昭和 33）年に「道徳の時間」が特設される際にも，デューイの教育理論に造詣の深い研究者たち（たとえば，梅根悟，上田薫，牧野宇一郎ら）はそもそも道徳の特設に反対の立場を採り，それまでの社会科と生活指導を中心とする全面主義の道徳教育体制を支持していた。こうしたデューイ研究者の態度を懸念した稲富栄次郎や勝部真長は，デューイの教育理論が道徳授業の普及や定着を妨げているとみて厳しく批判している[24]。その後，わが国の道徳授業は，周知のように国語科の授業に倣って，登場人物の心情を理解させることで価値の内面化を図ろうとする型（心情把握型）が主流となっていき，デューイの教育理論を継承する進歩主義教育の授業は傍流となっていく[25]。

一方，従来の心情把握型の道徳授業のなかに問題解決的な要素を部分的に取り入れる折衷主義的アプローチも開発・実践されてきた。その典型的なスタイルは，基本発問や中心発問で従来のように登場人物の心情を問いかけ，その後の補助発問で「主人公はどうすべきだったか」「自分だったらどうするか」と問いかけて，いわゆる「揺さ振り」をかけるものである。また，問題解決的な発問に対する子どもの考えを「価値観の類型化」によって体系づける指導法や，登場人物の立場になって即興的に問題解決のための役割演技（ロールプレイ）をする指導法も開発されてきた。ただ，この場合でも基本的には心情把握型の枠内で構成されているため，子どもが相対立する価値葛藤の問題を分析的また

は批判的に考察したり，自由で創造的に解決策を構想したりすることは困難であった。

　さらに，荻原武雄と清水保徳らは問題解決学習を道徳授業に導入してその授業理論と実践録を提示し，その後「問題解決型の道徳授業」を特集した実践報告も数多く発表された[26]。ただし，それらのほとんどは従来の心情把握型の道徳授業の枠組みから脱却できておらず，登場人物のどの場面のどの心情を追究したいかについて子どもに選択させる方式，道徳的問題や資料を子どもに選択させる方式，生徒指導や学級活動のテーマを道徳的問題として取り上げる方式などがある程度で，いわゆる進歩主義教育の流れをくんで問題解決に取り組む道徳授業ではない。特に，子どもの主体性や個性を尊重するあまり，道徳的問題の選択や発問や価値判断までもすべて子どもに委ねてしまい，自由気ままな話し合いでオープン・エンドに終わる児童中心主義の道徳授業になってしまっては，有意義な道徳指導は期待できないだろう。

　こうした画一的で形式化するわが国の道徳授業を根本的に改革・改善する試みとして注目したいのは，文部科学省が2002（平成14）年から小中学生用に『心のノート』を作成して全国の小中学校へ配布したことである。この『心のノート』は，子どもが日常の生活経験をもとに道徳的問題に取り組むスタイルであり，そのなかで学習指導要領の道徳における内容項目が計画的かつ系統的に習得できるように配慮されている。この『心のノート』は，従来の道徳授業のように主人公の心情を考えさせるような国語科の手法ではなく，子ども自身が道徳的問題と向き合い内省できるようにする心理学的手法を取り入れている。そのため，子どもは『心のノート』に取りくむなかで，道徳的問題を主体的に判断して，実際の道徳的な行為や習慣にも結びつけられる点では画期的な試みである。ただし，子どもの道徳的問題を単に心理学的側面でだけ捉え，社会学的側面における現実的な条件や人間関係の対応を軽視している点では不十分であろう。また，『心のノート』は従来のように読み物資料を活用した道徳授業との組み合わせが難しいため，学校現場ではまだ十分に活用されていないのが実状である。

こうしたわが国の現状を踏まえ，進歩主義教育の流れをくむ価値の明確化，モラル・ジレンマ，新しい人格教育を参考にしながら，わが国の道徳授業を改革・改善する試みとして，筆者は問題解決型の道徳授業を提唱している[27]。この問題解決型の道徳授業とは，子どもが道徳的な問題解決を主体的に協働探究する学習を通して，道徳的価値を習得して道徳性の向上をめざす授業のことである。基本的に，子どもは自ら道徳的問題に取り組み，その解決策を具体的に構想し，それを実践することで効果を確認し，信念を固めて，道徳的習慣を形成し，人格を創造していくと考えられる。

　こうした子どもの成長を促すための道徳授業の構造を，教師が道徳授業を実践するプロセスと子どもが問題解決するプロセスとの両面からとらえておきたい。まず，教師の方では，子どもの実態や問題状況を分析し，学校の教育目標や子どもの人生目標を踏まえ，問題を解決するための授業を構想し，その指導案を同僚教師や研究者とともに吟味し，実際にその道徳授業を行い，その効果を検証して事後指導や次回の授業に役立てる。このように教師は，道徳授業の実践を通して，道徳教育の理念と実践を融合し，子どもの成長を計画的かつ発展的に支援していく。次に，子どもの方では，授業のなかで道徳的問題を分析し，解決策を自主的に構想し，皆で協働して話し合い，実際に道徳的行為をして，その結果を検証し省察して道徳的習慣を形成する。このように子どもは，主体的な問題解決を通して，道徳的な観念（仮説）と実践（実験）とを融合し，道徳的価値の自覚を深めて人格を形成していく。

　問題解決型の道徳授業の特徴は，従来のようにただ気持ちを尋ねるのではなく，「この時，どうしたらよいだろう」と問題解決を尋ねるところに特徴がある。こうした発問は，新しく改訂された学習指導要領でも推奨するように，「迷いや葛藤を大切にした展開」，「知見や気付きを得ることを重視した展開」，あるいは「批判的な見方を含めた展開」をしやすくする。ここでは，道徳的な問題状況における登場人物の心情を理解したうえで，それではどうすればそれを具体的に解決できるかを主体的に考え，自律的に価値を判断することになる。

　こうした問題解決型の道徳授業は，子どもが道徳的問題を自ら考えるという

進歩主義教育的なスタイルやカウンセリング的手法を部分的に取り入れている点では，従来の価値の明確化，モラル・ジレンマ・ディスカッション，構成的グループ・エンカウンターの授業と共通している。しかし，こうした価値の明確化などの道徳授業では，子どもが自らの意見を明確に表明するだけでよく，それが道徳的に価値づけできるか，あるいは実践できるかまでは問われないため，子どもは自分の意見に責任をもたず，それを実際の生活経験に生かすこともないし，道徳の内容項目を計画的に指導することもできない。これに対して，問題解決型の道徳授業では，子どもが道徳的問題に取り組むなかで道徳的価値の理解を深めるように援助し，解決策を日常の行為・習慣や事前・事後の教育活動とも有機的に関連づけることで実践可能な言動も習得することができ，計画的かつ発展的に道徳的価値の全般にわたって総合単元的に指導することも可能となる。

このように問題解決型の道徳授業では，教師がある特定の道徳的価値を一方的に子どもに教え込むスタイルではなく，子どもが問題解決を行う学習指導過程において道徳原理や判断基準を習得することで，民主的な社会を維持し発展させるための価値観や規範意識を養い，自律的で責任ある道徳的実践力を身につけ，固有の人格形成をである。また，こうした道徳授業において子どもは自らの生活経験や学習活動を深く省察する機会をもつとともに，授業で考えた解決策や行動指針を実践することができるため，各教科や特別活動や総合学習などとも関連づけながら，問題解決的な学習や体験的な学習の要素も取り入れ，総合単元的な道徳教育を計画することが可能となる。こうした授業や体験を通して，今日の道徳的問題の根底にある現実と理想の解離，本音と建前の解離，心と体の解離を漸進的に克服することが期待される。

5　学習指導過程の検討

次に，問題解決型の道徳授業における学習指導過程を具体的に見ていきたい。道徳授業の起点となるのは，子どもが道徳的問題，つまり価値観の対立や葛藤を見出すところにある。こうした道徳的問題を子どもに提示するためには，事

前に教師が子どもの日常生活と関連した具体的で切実な道徳的問題を教材として用意する必要がある。こうした教材は、学校の内外における子どもの学習経験と連続するため、子どもの本能や衝動に働きかけ、自発的な興味と注意を喚起し、積極的な授業参加を促し、自発的に問題解決しようとする動機を供することができる。

　以下では、問題解決のプロセスをわが国の学習指導過程における展開（前段と後段）の部分に対応させて具体的に構成してみたい。

　まず、展開前段では、道徳的問題を含んだ資料を読み解いて問題状況を正確に把握し、問題意識をクラス全体で共有することになる。その際に必要なのは、冷静で客観的な観察力によって人間の相互作用における現実的状況の場面や事態を正確に見極めることである。それと同時に、その問題状況における他者の目的や利害関係を共感的に想像し、感受性や想像力によって特定の誰が他の誰に何を要求しているのかを洞察することである。こうした冷静な観察力と共感的な想像力を働かせることによって、子どもは道徳的な問題状況を的確に判断できるようになる。

　この点を先の『手品師』の資料を使って検討しよう。まず、道徳的問題となるのは、「人生の夢を実現したいという手品師の願い」と「かわいそうな少年との約束を守りたいという手品師の誠実な思い」が葛藤する点である。ここでは、今夜のうちに大舞台に行けば、明日の少年との約束を果たせない、という問題状況を冷静に観察し分析するとともに、かわいそうな少年の思いを共感的に理解する必要がある。

　次に、道徳的問題の解決策を具体的に構想することになる。ここでは従来の道徳授業のように資料を「作品」として固定的にとらえて、それに内在する道徳的価値を追究するのではなく、資料を「テキスト」として柔軟にとらえて、それに対する解決策を自由に構想することになる。それゆえ、『手品師』でいえば、資料をそのまま提示するのではなく、授業の展開を考えて字句を訂正してもよいし、「手品師が友人からの誘いを断って、明くる日も少年に手品を見せに行った」という結論部分を削除してもよいだろう。

ここでは特定の問題状況を前提にして，「何をどのようにしたらよいか」を具体的に考える必要がある。道徳的問題を子ども自身の問題として認識させ，それをいかに解決するかを主体的に判断させるのである。ここで子どもは具体的な問題状況をふまえ，過去の経験や将来の希望を考え合わせ，学校の内外で得られた自らの経験を十全かつ自由に活用し，道徳的法則や道徳的義務を参考にしつつ，実践可能な解決策を協働探究していく。こうして子どもは問題解決という目的達成に向けた明確なイメージをもち，行動における利害の相互関係を調整し，複数の解決策を考案することになる。

　『手品師』を例にとると，解決策としては，まず，もともと原作者が提示したように「大舞台の依頼を断り，少年に手品を見せる」がある。これは自己を犠牲にして相手に奉仕するやり方であり，現実世界ではあまり起こりえない展開である。次に，「少年との約束を破って，大舞台で手品を披露する」がある。これは自己の夢や利益を優先して，他者の願いを無下にするやり方である。この二つが両極端な解決策であり，このうちの一つを選べと指示すると，偏狭なモラル・ジレンマの道徳授業に陥ることになる。実際の日常生活では，この二つの解決策の中間点にさまざまな解決策を見出すことになる。たとえば，「少年を大舞台に連れて行く」，「少年に連絡して明日は行けないが，別の日に行くと約束し直す」，「少年への伝言を頼む」など多様である。こうした現実的な発想をすると，従来は「方法論になってはいけない」と注意を受けることもあるが，実際の道徳的行為を考える際には具体的な方法論を避けて通ることはできないのである。

　このように具体的な多数の解決策を考えた場合には，さらにそれぞれの解決策を比較検討して絞り込むことが重要になる。解決策を吟味するうえでは，いくつかのポイントがある。価値の明確化やモラル・ジレンマの道徳授業のように「どの解決策もすべてよい」などとしてしまうと，無責任で無道徳な言動も認めてしまうことになるため，複数の解決策を比較検討して最善の解決策を選び取ることが肝心になる。

　まず，解決策の抽象的な動機だけでなく，それぞれの解決策を実践した際の

結果を想定することである。具体的には，「どうしてそう思うか」だけでなく，「その結果どうなるか」をも問う。資料に即せば，「どうして手品師はそうすべきなのか」だけでなく，「そうすることによって手品師はどうなるか。少年はどうなるか」まで問うのである。解決策の動機だけ問えば，さしさわりのない建前論や一般論に流れがちで，「手品師は少年のところへ行くべきだ」で終わるが，その結果として「手品師が自分の夢を叶えられなくなってもよいか」「自分が手品師でもそれでいいか」などと揺さぶると，本音や現実論も出てきて議論が深まる。

次に，相手の立場で解決策を考えることである。具体的には，「その解決策が自分に適用されてもよいか」を問う。資料に即せば，「自分が少年の立場でも，手品師にそうされてもよいか」を問う。こうした可逆性の原理に基づき，他者（相手や第三者）の立場に自分を置き換えることで，より客観的かつ公平に物事を考えるようになり，他者に対する思いやり（社会的想像力）を高めていくことができるようになる。

第3に，広く普遍妥当性を考えることである。具体的には，「皆が（皆に）そうしてもよいか」を問う。資料に即せば，「相手がその少年ではなく，自分の子どもでもそうするか」「全くの他人でもそうするか」などと問う。こうした普遍性の原理に注目することで，目前の人間関係や利害関係だけでなく，広く社会関係を全体的に見つめ，道徳的な普遍妥当性を考えることができるようになる。

第4に，関係者の皆が幸せになれる方法を考えることである。具体的には，「それで皆が幸せになれるのか」を問う。資料に即せば，「そうすることで，その少年や手品師は幸せになれるだろうか」を問うのである。少年との約束を守れば，手品師は自分の夢を実現できず不幸である。逆に，少年との約束を破れば，手品師は大舞台で嬉しい思いをするが，少年は裏切られて気分を害するだろう。第3の解決策として，「手品師が少年を大舞台に連れて行く」とか「少年に連絡して別の日に設定し直す」などは手品師も少年も幸福になれる選択肢である。こうした改善案や妥協案を考えていては作者のねらいとする「誠実」

という道徳的価値に迫れないという批判もあるが，子どもたちに非現実的で虚偽的な「誠実」を押し付けるよりも，現実的で実践可能な誠実の態度を考え合うことの方が道徳的実践力を育成することにつながるだろう。また，展開次第ではこの物語の関係者として，「手品師の家族」や「電話をくれた友人」あるいは「大舞台の観衆」にも配慮する場合もある。手品師や少年の禍福だけで短絡的に結論づけるのではなく，その物語に関連する人々すべての禍福に気を配るのである。こうした道徳的問題において人間の意識改革だけでは解決できない場合は，人的・物的な環境改善や制度改革や社会改革まで広く踏み込んで考えることもできる。

　展開後段においては，それまで個人や小グループで話し合った内容をクラス全体で話し合って議論を深めることになる。また，子どもたちが考えた解決策を実際に役割演技で行い，どれが最善の解決策かを検討したり，ソーシャル・スキル・トレーニングやセルフ・アサーション・トレーニングを取り入れたりしながら検討する場合もある。たとえば，「手品師と少年」の役，あるいは「手品師と友人」の役で即興的に話し合い，お互いに納得できるまで解決策を追求するのである。さらに，類題をシミュレーションとして設定して応用力をつけるやり方もある。たとえば，日曜に新しい友達と公園で遊ぶ約束をしていたが，その後，同じ日曜に親が遊園地に連れて行ってくれることになった。「その時，自分ならどうするか」を考える。こうした役割演技，スキル・トレーニング，シミュレーションは，道徳的観念や解決策の議論を単なる机上の空論とせず，子どもの日常生活経験と結びついた活力あるものとし，子どもの思考と感情と行為を統合すると考えられる。

6　問題解決型の課題とその対応

　本節の最後に，これまで問題解決型の道徳授業を実践し省察するなかで指摘されてきた諸々の課題を提示し，それに対する具体的な対応策を検討しておきたい。

　まず，問題解決型の道徳授業は，従来の心情把握型の道徳授業と比べて，資

料の読み込みが浅くなりやすい点である。これはそもそも問題解決型では，子どもが登場人物の立場に立って自身の経験や知見と照合したり，問題設定を変えて議論したりするため，容易に資料の内容から逸脱するからである。もちろん，問題解決型の目標は，従来のように資料に内在する道徳的価値を子どもの心に刷り込むことではなく，問題解決を通して子どもの道徳的成長を促すことであるため，登場人物の心情を読み取ることに執着する必要はない。ただし，資料の読み取りが不足して共通理解が得られない場合は，必要に応じて資料に戻って登場人物の心情を確認してから再び問題解決に向かうという折衷主義的アプローチも有効であろう。こうした心情把握型と問題解決型を融合するアプローチに関しては，行安茂がフレンケル（Jack R. Fraenkel）の価値教授理論を応用して提案している「価値選択の道徳教育」が参考になる[28]。また，道徳のテーマや資料の性質に応じて，心情把握型の道徳授業と組み合わせながら系統的に年間指導計画を立てることも可能である。こうした複数の方式を年間計画で弾力的に行う道徳教育に関しては，宮田丈夫の「新価値主義的な道徳授業論」が参考になる[29]。

　第2に，問題解決型の道徳授業が容易な児童中心主義に流されがちで，ねらいとする道徳的価値に近づけないことがある点である。問題解決型の道徳授業では，教師は基本的に子どもの主体性や自発的な議論を尊重し，やる気を起こさせるように促進するファシリテーターの役割を果たすべきだが，かりに子どもが価値認識で混乱してしまい，問題の解決が困難になった場合は，そのまま放任するべきではない。教師は臨機応変に子ども自身の活動との有機的な関連のもとで暗示やモデルを提示することも必要である。それによって子どもは偶発的で無秩序に陥りがちな議論を将来における問題解決へ向けて再び秩序立てることができるようになる。問題解決のために知識や知恵を提供したり指導したりすることに抵抗を覚える進歩派の教師もいるが，進歩主義教育が尊重する自由，平等，公平，人権，民主主義の知恵や判断基準も，はじめは教えられることで身につくのである。それでも，児童中心主義の立場でモラル・ジレンマの道徳授業を推奨する論者のなかには，教師が子どもに指示や指導を与えるこ

とに抵抗を示す向きもあるが，コールバーグでさえ晩年には，子どもがただ自由に話し合うだけでなく，教師が整合的で効果的な推論法や問題の解決法を適宜指示するべきであると考えるに至ったことを知るべきであろう[30]。

　第3に，子どもたちは問題解決の場面で自分の経験や知見から解決策を実存的に考えて本音で語るため，時に子どもの心が揺さ振られて心理的に不安定になりやすいという点である。特に，子どもが問題場面に自分を置いて複数の解決策を提案し合い絞り込む過程では，子ども同士が言い争ったり批判し合ったりして心を痛めることもある。こうした議論を回避するために，子どもが自らの経験や本音を偽って建前の意見を発表するようでは，通常の授業以上に偽装的で形骸化したものになる恐れがある。この場合，教師は子どもたちの議論が相互に傷つけ合う場合はすぐに危機介入し，常に知的に安全な学習環境を確保するべきである。また，普段の学級生活においてもクラス全体で子どもたちが相互に愛着や共感をもち，他者の意見や権利を尊重し合い，道徳的価値（意識）を共有し，相互に支持し合い，援助し合う雰囲気をつくっておくことも必要である。

　第4に，問題解決型の道徳授業は即興性や応用性が高いため，それに対応できない教師や子どもがいるという点である。たしかに問題解決的な指導をするためには，教師にもかなりの実践的指導力が求められるし，子どもにもある程度の判断力，感受性，構想力，発表能力が求められる。こうした点が不足している場合は，教師であれば，教員研修で相互に助言し合い，授業経験を積むことで授業力をつけていけばよいだろう。また，子どもであれば，4人組のグループにして相互に聞き合い学び合う共同体を築いたり，道徳用ワークシートやノートに記入させて，後で教師がきめ細かくフィードバックをしたりすることで対応できるだろう。こうした子ども一人ひとりが成長する機会と共に，子どもが相互に寄与し寄与される関係を築く機会を提供することで，道徳的な平等性や公平性も保障されるのである。

　最後に，問題解決型の道徳授業を行うと，たしかに従来のような心情把握型の授業や教師中心で価値を押しつける授業を克服することはできるが，問題解

決特有の形式的な段階説や規律訓練に陥ってしまうことがある点である。これは，個人の経験を一般的な道徳的法則によって拘束しようとするところに生じる。ドゥルーズ（Gilles Deleuze）が指摘するように，個人の経験は他の全体の経験とは根本的に異なる差異があるため，法則によって個人の経験を他の全体の経験に還元することはできない[31]。そこで，問題解決における段階説や一般的な道徳法則は参考程度にして，できるだけ子どもの個性や想像力が生きて働くようにし，自由に新たなアイデアを創造したり複数の選択肢を比較検討したりできるように配慮する必要があるだろう。

第4節　今後の道徳教育の改善に向けて

これまで新旧の道徳授業のあり方とその課題を検討したうえで，道徳授業における「第三の道」を探究してきた。この最終節では，これまでの議論で詳しくふれられなかったが，道徳授業にとってきわめて重要な論点として，道徳授業における学習環境の整備，道徳授業と特別活動の連携，および道徳教育の内容項目について検討し，今後の道徳授業を改善・充実するための方策を探ることにしたい。

1　学習環境の整備

道徳授業をするうえでは，資料や発問の工夫だけでなく，学習環境が大きな影響力をもつ。そのため，子どもたちの内的な判断力や心情や態度を直接的に指導するだけでなく，子どもたちを取り巻く外的な学習環境を適切に整備して間接的に指導することも大切になる。特に，子どもが道徳的問題を自分の生き方として関連づけ，たんなる建前やきれいごとではなく，本音や本心を語りながら真摯に自己の生き方を見つめ直し，人間の生き方を深く考えるためには，教師や他の子どもたちと信頼関係を築いて，子どもが自分の思いを語りやすい雰囲気をつくることが肝心である。

そのためには，まず教師が日頃から広く開かれた寛容な心をもち，子どもた

ちの意見を共感的に受容し，子どもたち一人ひとりの個性や特質に合わせて公平に接するように配慮する必要がある。授業中に子どもたちの多様な考えや本心を引き出すためには，まず教師の方から心を開き（自己開示），自分の思いや本心を誠実に語ることが有効である。それに呼応して子どもが自分の思いを正直に語ってくれたら，それに感謝する謙虚な態度ももつべきであろう。

　また，子ども同士の人間関係にかかわる学習環境についても注目しなければならない。一般に道徳授業で教師は，民主的で平等な雰囲気において子どもに自由な発言を促そうとするものであるが，実際のところ，子どもたちの日常生活にかかわる切実なテーマについて子どもたち同士で自由に話し合わせることは容易ではない。というのも，子どもたちはクラス内の人間関係（力関係）を慎重に見極め，話し合いの最中やその後の影響についてもよく考えて発言するからである。授業中は教師がいるから，その場で何を発言しても直接的な影響はないが，授業後は子ども同士の生の人間関係（力関係）が如実に現れるため，どんな影響（仕返し）があるかわからないのである。もし息苦しい抑圧的な雰囲気や険悪な人間関係が前提にあれば，授業中に表面的には立派な発言が建前的に並んだとしても，実際の子どもたちの本音や本心が語られることはなく，自分の発言に対する責任感や実行性も希薄になることが多い。それゆえ，子どもたちが自他を許容し合い，尊重し合い，子ども一人ひとりが自分の意見を自由に表明したり役割演技したりし合える学習環境を事前に整備しておく必要がある。子どもが道徳授業で本当に自由な自己決定や自己表現をして人格形成に役立てるためには，こうした安全で安心な学習環境を整備することが何よりも必要になるのである。

　こうした学習環境を整えるためには，事前指導として，子どもたちの発達状況，心理状況，人間関係を理解しておくことが求められる。その際には，教師の主観的な観察や面接だけに頼るのではなく，客観的なアンケート調査や心理テストで子どもの発達状況や学級の実態を把握しておくことも有効であろう。また，日頃の学習活動において子どもたちが，自他の権利や考え方を尊重し合い，社会的価値（意識）を共有し，相互に支持し合い，援助し合うような相互

扶助の学級経営をすることも必要になる。子どもはこうした相互扶助の活動で自らの役割を果たし，互いに寄与し寄与される関係を築くことで，愛着や共感による生きた心の結びつきをすることができるようになる。

2　道徳授業と特別活動の連携

　道徳授業の目標は，学習指導要領に即していえば，「道徳的価値の自覚」を促すことで「道徳的実践力を育成する」ことであるため，「道徳授業では道徳的実践をするべきではない」とよくいわれる。この発想は「道徳授業で道徳的実践力を育成すれば，いつか道徳的実践に至るだろう」という希望的観測に基づいている。しかし実際のところ，道徳授業は事後の道徳的実践にあまり結びつかないため，道徳授業の総括においては「道徳的実践力は育成できたが，まだ道徳的実践には至っていない」などと弁明することが多い。また，「今はまだ道徳的実践に至っていなくても，10年後，20年後に道徳的実践として現れるかもしれない」などと悠長に語られることもある（もちろん，その追跡調査が行われるわけではない）。しかし，今日のように子どもの道徳的混乱や規範意識の低下が社会問題化してくると，こうした道徳指導の結果責任や実効性が求められることもある。そもそも道徳的実践力とは，実際に道徳的実践を行うことで育成されるという面が強いため，座学の道徳授業だけで道徳的実践力を育成できると仮定するのは無理があるだろう。

　それでは，道徳的実践は具体的にいつどこで指導するのか。学習指導要領でいえば，「学校の教育活動全体を通じて」行うことになっており，特定の時間や場が設定されているわけではない。このように道徳的実践は学校教育の全体責任であるため，逆に無責任な指導体制となることもある。もし道徳的実践を計画的に指導する時間帯をあえてカリキュラム上で特定するとすれば，特別活動が有力候補となるだろう。つまり，道徳授業である道徳的価値の自覚を深め，道徳的実践力を育成したら，その後の特別活動でその道徳的価値と関連した実際の道徳的実践を行ってみるのである。その意味で，道徳授業と特別活動の連携は以前から強く求められている重要な案件である。

ここで戦後の特別活動を振り返ると，1951（昭和26）年の学習指導要領（試案）では「特別教育活動」と呼ばれ，そのなかで「教科の学習においても，"なすことによって学ぶ"という原則はきわめて重要であるが，特に特別教育活動は，生徒たち自身の手で計画され，実行され，かつ評価されなければならない」と記されている。これは第2節2で述べたデューイの教育理論に基づく「なすことによって学ぶ（learning by doing）」が，当時の特別教育活動を根拠づけていたことがわかる。この後も半世紀にわたって特別活動では，子どもが自ら課題を見つけ，主体的に判断し行動して，よりよく問題を解決することを重視し，こうした活動のなかで道徳的実践の指導も行われてきたのである。

　2008（平成20）年の学習指導要領の改訂でも，特別活動の目標や内容は道徳的実践の指導の充実を図るという観点から設定されている。たとえば，特別活動の目標には道徳授業の目標と同様に，小学校では「自己の生き方についての考えを深める」こと，中学校では「人間としての生き方について自覚を深める」ことが明記されている。特に，特別活動においては，「道徳教育の重点などを踏まえ，各学年で取り上げる指導内容の重点化を図ること」が記された。また，改訂された『学習指導要領解説 特別活動編』でも，道徳教育や「道徳の時間」との関連性について詳述されている。そのなかで，特別活動は道徳教育との結びつきはきわめて深いと記され，「特別活動における学級や学校生活における望ましい集団活動や体験的な活動は，日常生活における道徳的実践の指導をする重要な機会と場であり，道徳教育に果たす役割は大きい」と記された。こうした意味で道徳的実践の機会として，特別活動における学級活動や学校行事，児童会活動・生徒会活動，クラブ活動，部活動などが期待されていることは確かである。そこでは，当然ながら，友情，思いやり，協力，連帯，感謝などの人間関係，役割や責任，奉仕，規律や生活習慣，決まりの順守などの道徳的実践を行うことができる。以上のことから，道徳授業と特別活動を連携させて，道徳的実践をいかに指導するかが今日的な課題となってきた。

　さて，道徳授業と特別活動との連携を進めるうえでは，道徳授業で学習した内容を特別活動の場で生かすことや，特別活動で体験した内容を道徳授業で振

り返ることなどが考えられる。従来の道徳授業は，資料を読んで登場人物の心情を考えて，周知の道徳的価値を再確認する程度で終わるため，子ども本人の道徳的実践にはつながらないことが多かった。そこで，道徳授業で子どもが自ら道徳的問題を考え，その解決策や道徳的価値について吟味したら，それを実践する場として特別活動を活用すれば，自然と道徳的実践につながることが想定される。子どもは自ら選択した道徳的問題の解決策を行動に移すことで，自分の意図や観念を実際の諸条件と関連づけて認識を深めるようになる。こうして子どもは学校で学んだ道徳的価値を日常の生活経験に関連づけ応用することができ，実際に問題解決の場面でも試行錯誤することにより道徳的実践力を高め，道徳的習慣を形成することもできるのである。

こうした道徳授業と特別活動の連携を構成する場合には，子どもの生活経験に関連した学習内容（たとえば学級活動や学校行事など）を取り上げると有意義である。ここで教師は子どもの日常生活における生活経験に基づいて資料を選定し，指導案を構想し，その道徳授業における子どもの話し合いから計画を立て，授業後に子どもたちの道徳的実践に結びつけることになる。こうして子どもが日常生活における生活経験に基づいて議論を行い，その成果として生じた学習経験を解決策として実践（実験）することで，その解決策の有効性を検証するとともに，行為と結びついた道徳的観念を深く認識するのである。このように道徳的内容（解決策）を考えるだけでなく，実際の子どもの生活経験にフィードバックして応用させる機会を提供することが重要になる。

このように道徳授業と特別活動を連携させると，事前指導（調査）から実際の授業実践を経て事後指導に至る一連のプロセスが確立できるため，道徳授業も単なる観念的な話し合いに終わらず，それを特別活動などにおける道徳的実践に繋げることができるようにもなる。ここで子どもは自ら構想した道徳的な解決策を個人的または社会共同的に実行することで，道徳的価値を行為に関連づけ，この行為を通じて道徳的価値の自覚を深め，知的，道徳的，身体的に一体となった人格を形成することができるようになる。

3　道徳教育の内容項目

　道徳教育の内容は多種多様であるが，学習指導要領には「道徳の時間を要として学校の教育活動全体を通じて行う道徳教育の内容として，「主として自分自身に関すること」「主として他の人とのかかわりに関すること」「主として自然や崇高なものとのかかわりに関すること」「主として集団や社会とのかかわりに関すること」の4項目を示している。この項目は，基本的に自己実現および他者の関係性において道徳教育の内容をとらえ直しているとみることができる。

　ここで内容項目の分析に入る前に，自己と他者の関係性を検討しておきたい。「自己」とは，歴史的・文化的・社会的な環境との交流によって生じ，自己とは異なる「他者」とのコミュニケーションのなかで新たな意味を生成し，経験を再構成しながら成長を遂げていく存在である。この自己は，「自分は自分である」という固有性のアイデンティティ感覚に基づいて「かけがえのない自分」を尊重するが，その一方で「自分は他者であったかもしれない」という偶然性の感覚に基づいて「かけがえのない他者」を尊重するようにもなる。この自己と他者はまったくの別人でありながら，実は交換が可能であることを思い描くことによって共感的な想像力が生まれ，相互に尊重し合い，自己と他者との豊かな相互作用を行うことで自己実現が促され，道徳性の十全な発達に至ると考えられる。

　この点でピアジェやコールバーグの道徳性発達理論をも参考にしつつ，自己と他者の関係を基軸に，学習指導要領の内容項目を検討してみたい。まず，自己は本能的・衝動的に苦痛を避け，快楽を求める傾向がある。そこで，自ら考え判断することによって自発性，自律性，自主性を養うことになる。この側面は学習指導要領における「主として自分自身に関すること」と関連づけられる。

　次に，自己は他者とのコミュニケーションにおいて，他者の存在を認め尊重するようになる。この側面は学習指導要領でいう「主として他の人とのかかわりに関すること」と関連づけられる。はじめは親や教師のような権威者や権力者に従い，他律的に罰を避け，報酬を求める行動をするが，後には自律的に他

者の欲求や権利を尊重するようになる。この他者も，はじめは自分の身近にいる人間関係に適用するが，徐々に物理的・心理的に遠い他者や弱者にも思いが及ぶようになり，より多くの人々の欲求や権利にも配慮できるようになる。

　第3に，自分が属する集団や社会に配慮するようになる。この側面は学習指導要領でいう「主として集団や社会とのかかわりに関すること」と関連している。まず，集団や社会の秩序や安定を望むようになり，社会のルールや法律の意義を理解して遵守するようになる。また，自分の言動が所属する集団に与える影響を考え，自分の役割を自覚し，責任ある言動ができるようになる。さらに，国内外にいる未知なる他者の欲求や権利にも配慮できるようになり，最終的には，グローバルな社会のなかにおいて倫理や法律の意義を理解し，社会的責任を果たせるようになる。

　さらに，他者とは，自己と異なる地域，世代，国籍，言語，宗教，文化，そして宇宙などまだ対象を拡張してとらえることができる。ここではまず，自然や動植物に関心をもち，それを世話するなかで生命の尊さを感じ取り，動植物を大切にすることがあげられる。また，自然の尊さや偉大さを理解し大切にし，かけがえのない自他の生命を尊重するようになる。この側面は学習指導要領でいう「主として自然や崇高なものとのかかわりに関すること」と関連づけることができる。

　この他にも，世間一般ではタブー視されてきたもの，つまり，死や病気や性愛のような「語られざるもの」との接触や出会いが注目される。たとえば，人は死を体験的に知ることはできないが，自分の死を強く意識する内的経験を通して，自分の生の意味をとらえ直し，存在の意味を探ることができる。また，実際に近隣者や自然の生き物の生死を見つめたり，四季の移り変わりに生死を感じたりすることもできるだろう。このように「生」や「死」の意識を深く感じ取ることで，かけがえのない自己と他者に対する本当の気遣いをするようになり，日常性に埋没した「古い自己」から「新しい自己」に生まれ変わる経験をすることがある。こうした多様なテーマを道徳授業に取り入れることで，これまで語られることのなかった他者，あるいは自己を遥かに超越した他者と出

会う場を提供し，新たな自己の創造に寄与することができるだろう。

4 道徳授業の拡充に向けて

　本節では，道徳授業のさらなる改善をめざして学習環境の整備や特別活動との連携，および学習指導要領の内容項目との関連性を検討してきた。従来の道徳授業における心情主義・徳目主義・形式主義の枠組みを抜け出して，「子どもの心に響き未来を拓く」道徳授業を行うためには，以上のような歴史的経緯と理論的整合性と他分野との連携を踏まえて，従来の道徳授業の長所や利点を継承しつつも，新しい道徳授業の諸特徴を積極的に取り入れながら，柔軟に改革・改良を続けていく必要があると思われる。

　ここで本章の冒頭に掲げた問題意識に戻ると，学校教育全体の目標である「未来を拓く主体性のある日本人の育成」あるいは「生きる力の育成」をめざし，その基盤となる道徳性を養うためには，自ら道徳的問題を主体的に考え価値判断することで，豊かな人間性や問題解決能力とを総合的に養うとともに，子どもの生活経験に結びつけて道徳的な行為や習慣を指導し，人格形成に役立てることがぜひとも重要である。こうした道徳授業に改良するためには，子どもが自らの価値観を理解して自由に自己表現できるようにすること，自らの生活経験をふまえて道徳的価値の自覚を深められるようにすること，心の迷いや葛藤から自己の生き方や人間の生き方を考えられるようにすること，そして体験活動を通じた道徳的価値の自覚を図ることなどに十分配慮した，道徳授業における「第三の道」を協働探究し続ける必要があるだろう。

　こうした道徳授業は，従来のように子どもの道徳的心情の育成に偏重するのではなく，知的な判断力や共感的な心情や社会的想像力を用いて問題解決能力やコミュニケーション能力や自己表現力を高めるという意味では，OECD（国際協力開発機構）が掲げるキー・コンピテンシー（主要能力）とも関連した「確かな学力」の向上とも結びつけて考えられる。また，こうした道徳授業は互いに意見を尊重し合い学び合い，自律的に行動する力や相互に協働して人間関係を形成する力を育てるため，子ども同士が相互に助け合い配慮（ケア）し合う

人間関係が保たれるようになり，不登校やいじめのような教育臨床上の諸問題を解消することにも一定の効果があるだろう。

　以上から，高度専門職業人としての教師であるためには，従来の道徳授業のスタイルをただ保持することで自己充足することなく，本章でも検討した道徳授業の歴史的経緯，理論構成，実践方法を参考にしたうえで，実際の多様な道徳授業を習得すると共に，創意工夫して発展させることが求められる。もちろん，完璧な道徳授業など何処にもないが，理想の道徳授業をめざして実践し続け，その効果を検証・省察したうえで，より有意義な道徳指導法に練り上げていくことは可能だろう。また，学習指導要領でいう道徳教育推進教師の立場から，道徳授業を各教科，総合的な学習の時間，特別活動，さらには生徒指導や教育相談とも有機的に関連づけ，計画的かつ発展的に総合単元的取り組みを実施し，本当の意味で「道徳教育の要」となるようなカリキュラムを編成することが肝心になる。

【柳沼　良太】

注
（1）　金井肇他「道徳授業についてのアンケート調査」平成7年度実施。この調査報告は以下でも引用されている。中央教育審議会「新しい時代を拓く心を育てるために－次世代を育てる心を失う危機」1998年。
（2）　文部科学省『小学校学習指導要領解説・道徳編』2008年，85頁。文部科学省『中学校学習指導要領解説・道徳編』2008年，91頁。
（3）　文部科学省編『小学校　心に響き，共に未来を拓く道徳教育の展開』財務省印刷局，2002年。文部科学省編『中学校　心に響き，共に未来を拓く道徳教育の展開』財務省印刷局，2002年。
（4）　江橋照雄「手品師をめぐって」『道徳と特別活動』1998年10月号より一部抜粋。『5年生の道徳　教師用指導書』文溪堂，132頁参照。『道徳5年　きみがいちばんひかるとき　教師用指導書』光村図書出版。
（5）　宇佐美寛『「道徳」授業に何が出来るか』明治図書，1989年。
（6）　John Dewey, "Moral Principles in Education," in *John Dewey, The Middle Works*, Vol.4, ed. Jo Ann Boydston, Southern Illinois University Press, p.270.（大浦猛編訳『実験学校の理論』明治図書，1977年，37-38頁）
（7）　Ibid., p.267.（邦訳，34頁）
（8）　John Dewey, "Teaching Ethics in the High School," in *John Dewey, The Early Works*,

Vol.4, ed. Jo Ann Boydston, Southern Illinois University Press, p.54.
（9） John Dewey, "Ethics," in *John Dewey, The Later Works*, Vol. 7, ed. Jo Ann Boydston, Southern Illinois University Press, p.162.（河村望訳『倫理学』人間の科学社，2002 年，30 頁）
（10） John Dewey, "Democracy and Education," in *John Dewey, The Middle Works*, Vol.9, p.157.（金丸弘幸訳『民主主義と教育』玉川大学出版部，1984 年，219-220 頁）
（11） John Dewey, "Teaching Ethics in the High School," in *John Dewey, The Early Works*, vol.4, pp.57-58.
（12） L. E. ラス・M. ハーミン・S. B. サイモン（遠藤昭彦監訳）『道徳教育の革新―教師のための「価値の明確化」の理論と実践』ぎょうせい，1991 年，4-5 頁。Louis E. Raths, Merrill Hamin, Sidney B. Simon, *Values and Teaching, Working with Values in the Classroom*, 2nd ed., Columbus, Ohio: Charles E. Merrill, 1978.
（13） L. E. ラス・M. ハーミン・S. B. サイモン，前掲書，37-39 頁。
（14） 諸富祥彦『道徳授業の革新―「価値の明確化」で生きる力を育てる』明治図書，1997 年。
（15） 後にハーミンやカーシェンバウムらは，価値の明確化が伝統的な道徳価値を弱体化したことを認め，『価値と教授』の 2 版を出すときには大幅に修正して価値相対主義に陥ることを避けるように配慮し，またコールバーグの道徳性発達理論なども取り入れるに至った。H. Kirschenbaum, "Beyond Values Clarification," in H. Kirschenbaum and S. B. Simon, *Readings in Values Clarification*, Winston Press, 1974. M. Harmin, *Inspiring Active Learning, A Handbook for Teachers*, ASCD, 1994.
（16） L. Kohlberg, "Essays on Moral Developmennt," vol.2: *The Psychology of Moral Development*, Harper & Row, 1984, pp.7-10.（初出 1969 年）。L. コールバーグ・A. ヒギンズ岩佐信道訳『道徳性の発達と道徳教育―コールバーグ理論の展開と実践』広池学園出版部，1987 年）
（17） コールバーグは特にデューイの『価値づけの理論』や論文「経験と行為」を参考にしている。L. コールバーグ（永野重史監訳）『道徳性の形成』新曜社，1987 年。
（18） 國分康孝・片野智治『構成的グループ・エンカウンターの原理と進め方―リーダーのためのガイド』誠信書房，2001 年。諸富祥彦・齋藤優編著『エンカウンターで道徳』明治図書，2002 年，14 頁。山本銀次『エンカウンターによる"心の教育" ふれあいのエクササイズを創る』東海大学出版会，2001 年，2 頁。
（19） 伊藤啓一編著『「生きる力」をつける道徳授業―中学校統合的プログラムの実践』明治図書，1996 年，7 頁。
（20） 伊藤啓一「統合的道徳教育論の構想と実践」，武藤孝典編著『人格・価値教育の新しい発展―日本・アメリカ・イギリス』学文社，2002 年，243-244 頁参照。伊藤啓一『統合的道徳教育の創造―現代アメリカの道徳教育に学ぶ』明治図書，1991 年。
（21） T. リコーナ（水野修次郎監訳・編集）『人格の教育』北樹出版，2001 年，77 頁。

(22) 同上書，105 頁。
(23) 同上書，108 頁。人格教育における問題解決学習に関しては以下の論考も参照。T. ディヴァイン他編（上寺久雄監訳）『「人格教育」のすすめ』コスモトゥーワン，2003 年，51 頁。
(24) 稲富栄次郎『人間形成と道徳教育』学苑社，1979 年，236 頁。勝部真長『道徳指導の基礎理論』日本教図，1967 年，201 頁。
(25) この点を遠藤昭彦は次のように指摘している。「デューイ教育思想は，わが国の場合，戦後の一時期隆盛をきわめますが，その道徳教育には理論的にほとんど見るべきものがないとして軽視されてしまいました。デューイ研究者といわれる者が，デューイ価値論の業績を十分に評価できなかったからです。そればかりでなく，彼らの一知半解の誤りが，ラス氏らのようなすぐれた後継者をわが国に育てる道を閉ざしてしまったのです。いかにも残念至極です」。L. E. ラス・M. ハーミン・S. B. サイモン，前掲書，1991 年，359 頁。
(26) 荻原武雄・清水保徳編著『問題解決学習としての道徳授業』明治図書，1999 年。「特集・問題解決型の道徳授業」『道徳教育』499 号，2000 年 6 月号，明治図書。
(27) 筆者はプラグマティズムに基づく「問題解決型の道徳授業」を独自に構想して実践例とセットにした以下の書を刊行している。拙著『問題解決型の道徳授業－プラグマティック・アプローチ』明治図書，2006 年。この道徳授業の理論的根拠は次の書を参照。拙著『プラグマティズムと教育－デューイからローティへ』八千代出版，2002 年。
(28) 行安茂『価値選択の道徳教育』以文社，1985 年，67-75 頁。J. R. Fraenkel, *Helping students think and value*, Prentice-Hall, 1973.
(29) 宮田丈夫「新価値主義的道徳授業論とその展開」，現代道徳教育研究会編『道徳教育の授業理論』明治図書，1981 年，103 頁参照。
(30) L. Kohlberg, "Education for Justice: The Vocation of Janusz Korczak," in *Essays on Moral Development*, Vol.1, p.402.
(31) G. ドゥルーズ（財津理訳）『差異と反復』河出書房新社，1992 年，24 頁。

参考文献
押谷由夫『「道徳の時間」成立過程に関する研究』東洋館出版社，2001 年
トーマス・リコーナ（三浦正訳）『こころの教育論－〈尊重〉と〈責任〉を育む学校環境の創造』慶應義塾大学出版会，1997 年
日本道徳教育学会編『道徳教育入門』教育開発研究所，2008 年
日本道徳性心理学研究会編著『道徳性心理学』北大路書房，1992 年
柳沼良太『プラグマティズムと教育－デューイからローティへ』八千代出版，2002 年
柳沼良太『問題解決型の道徳授業－プラグマティック・アプローチ－』明治図書，2006 年
柳沼良太「問題解決型の道徳授業の理論と方法－デューイの道徳教育論と関連づけて」『日本道徳教育学会紀要 道徳と教育』第 326 号，2008 年

柳沼良太『問題解決型の道徳授業　事例集』開成出版，2009 年

柳沼良太「多彩な道徳授業へのアプローチ—問題解決型の道徳授業」『道徳と特別活動』2009 年 4 月号〜9 月号，文溪堂

柳沼良太『ポストモダンの自由管理教育—スキゾ・キッズからマルチ・キッズへ』，春風社，2010 年

B. David Brooks, and Frank G. Goble, *The Case for Character Education, The Role of the School in Teaching Values and Virtue*, Studio 4 Productions, 1997.

第3章　「心の教育」からの脱却とわが国の道徳教育の再構築

序　批判から創造へ

　第1章と第2章では，道徳教育および道徳授業の重要な知識について，具体的・実際的な実践を念頭に入れながら，基礎的・基本的および根本的な理論から詳細に解説されているために，本章において内容上の大幅な補足説明はほとんど必要ないであろう。つまり，高度専門職業人としての教師のレベルで求められる必要な道徳教育の知識内容は，これまでの章においてほとんど盛り込まれるかたちでかなり客観的にまとめられている。そうであっても，別な見方をすれば，道徳教育の有り様やあるべき姿は複雑多岐にわたるために，その複雑な道徳教育を一冊の著書にまとめるに際しては，著者たちの特定の立ち位置からの見解に基づいて論考する以外に方法はない，ということも事実である。たとえば，近代日本史という身近な史実であっても，異なった立場や視点から複数の見方が存在するのであるから，ましてや過去や現在，さらには未来に向けての道徳教育の有り様やあるべき姿を語る際には，さまざまな見解や論考の存在があって当然である。したがって，道徳教育の有り様やあるべき姿は，固定的な視点からではなく，さまざまな視点から考察され議論されなければ，その真実に少しでも近づくことは不可能であろう。その点からすれば，高度専門職業人としての教師は，自分の立ち位置を自覚し，いくつかの視点から道徳教育の有り様を相対的に眺めながら，わが国に，そして自分たちの地域・学校・学級にふさわしい道徳教育のあり方を探究していく必要があるだろう。

　そこで，本章では，あまり普通一般には立たない問題意識や視点から，敢えてわが国の道徳教育の諸相について批判的に検討しながらその病巣をより明確

に示し，わが国に，そして自分たちの地域・学校・学級にふさわしい道徳教育の再構築に向けて一つの挑戦的な論を展開する。その意味では，本章は，ここでの批判と提案を，新たな地平に拓かれた道徳教育の実践を教育現場に創造するための議論のたたき台ないしはそのきっかけの，概説・概論ではなく特論として位置づけられるべきものである。

　古今東西を眺めても明らかなように，時代や社会を超えて，道徳教育の現状に対する不満や批判は，教育関係者や保護者をはじめ，一般国民・市民や政治家など，さまざまな方面や立場からつねに行われ続けている。そうした不満や批判は，もちろん教育全般に対して行われるが，教育一般および教科教育と比べて，道徳教育に対しては途絶えることなく，かつ強いものになりがちである。この傾向は，現在のわが国でも例外ではない。

　しかし，そうした批判のなかには，道徳教育の成果が上がりにくいことに付け入って，「道徳の時間」のみならず，道徳教育を全面否定し，現状の教育システムを壊してしまうような悪質で無責任なものも，しばしば出現する。それに対して，道徳教育の推進者たちは，若者の規範意識の低下を嘆き，「道徳の危機」を煽りながら，徳育の教科化ないしは教育職員免許法における道徳教育関係科目の増加をねらった職域拡大を図るとともに，批判に対して強靱に防御できるよう，細部にわたって画一的な内容や方法で固定化する対策を目指したり，短期的な効果を求めて対症療法的な対策ないしは方法的なマニュアルに依存しがちである。ところが，特に固定化やマニュアル化の対策が強まれば，道徳教育が子どもだけでなく教師自身にとっても窮屈なものとなり，その実践の学びがいや教えがいが失われてしまう。また，短期的な対策が繰り返されると，根本的な病巣が覆い隠されるだけでなく，対症療法の副作用によって，道徳教育それ自体が劣化してしまう。喩えていえば，健康な身体に薬の投与や手術が繰り返されるたびに，身体の機能が衰弱してしまうようなものである。まさに，わが国の道徳教育の現状は，負の「道徳スパイラル」に陥ってしまっているように思われる。とりわけ，最近では，両者の対策において，諸外国の臨床心理学の理論や方法が，社会的・継続的にどのような価値と意味があるのかについ

て十分に吟味されることなく，比較的安易に活用されているために，わが国の学校における人間形成や人間関係をはじめ，わが国の道徳ないしは道徳教育の根幹が蔑ろにされている，といわざるをえない情況にある。

　もちろん，心理学の理論や方法は，教育実践にとって全面的に否定されるべきものではないどころか，活用の仕方によっては，さまざまな点で有益である。ところが，最近では，教育全般についても言えるが，道徳教育においても，心理学の理論や方法への過剰依存や盲信による弊害が現れている。つまり，複雑な社会的・人間的現象の道徳問題やその理解を個人の私事的な心の問題やその理解に還元しようとする個体還元論の姿勢が，道徳教育においても浸食してきているのである。端的にいえば，「心理主義化された道徳教育」が「心の教育」のスローガンを追い風にして広まっている。その結果，教育現場では，学校における人間形成的な意味（たとえば，「自己実現」とは何か，わが国の青少年に「自己実現」や自己の「アイデンティティ」を過剰に意識させることはよいことか，など）をはじめ，道徳教育の価値や意味それ自体があまり議論されず，それらが所与のものとして無批判に受け取られ，「道徳の時間」における効果的な方法としての心理主義的なさまざまな技法だけが過剰評価されている。それによって，日常的な現実を切り離したかたちで，子どもの心の内面化を推進するような「道徳の時間」が奨励されるようになった。そのような方向性は，「する力」としての外面的な資質である「道徳的実践」ではなく，「しようとする力」としての内面的な資質である「道徳的実践力」を育成しようとしている点で，学習指導要領に記された「道徳の時間」の目的に合致するものであった。

　しかし，そうした内面的な自覚が子どもに推進されても，心のなかで思いやる道徳的な気持ちは高まるが，現実の道徳的な行動や態度につながるかどうかは不確定である。実際の日常的な現実場面においては，自分で感じて考え，そして行動できるような人間的特性が求められることを勘案すれば，そのような内面性だけでは，現代の課題に応えられるような道徳性の育成は不可能である。そのためには，奇しくも学習指導要領解説の道徳編に示されているように，道徳的実践力が育つことによって，より確かな道徳的実践ができるのであり，ま

たそのような道徳的実践を繰り返すことによって，道徳的実践力も強化されるわけであるから，道徳教育はつねに「道徳の時間」だけに限定されてとらえられるのではなく，学校の教育活動全体のなかで考えられるべきである。つまり，よりよい道徳教育のあり方を求めるには，「道徳の時間」における内容項目や資料や技法の問題に限定することなく，学校全体のカリキュラムを視野に入れたかたちで，道徳教育の中核となる道徳授業のあるべき姿が検討されなければならないのである。ところが，どうも一般的な風潮として，道徳教育の実態は道徳授業だけに矮小化されがちである。

　このような問題意識から，本章では，まず「心の教育」の時代背景について検討し，学校の心理主義化を明確にする。次に，道徳教育の心理主義化について，学習指導要領の改訂，外国の道徳教育理論，『心のノート』を手がかりにしながら，その問題点を明らかにする。さらに，このような現在の問題情況を踏まえ，道徳教育の諸理論について前章とは異なった切り口でも取り上げ，そこから道徳教育の再構築に向けての有益なヒントを抽出する。最後に，道徳教育の再構築に向けてのたたき台として，批判を恐れず独自の試案を提示する。

第1節　道徳教育から「心の教育」へ——その時代的背景

1　「心の教育」の過剰期待のはじまりとその後

　心の豊かさを志向する傾向は，総理府（現在の内閣府）の 1979（昭和 54）年の「国民生活に関する世論調査」において，物質的豊かさ志向を上回って以来，いっそう優勢な価値となっている。まさにその頃に，わが国の国民の意識は，「物質至上主義」や「消費至上主義」に対する反省から，「モノの時代」と訣別して「心の時代」に移り変わったといわれ，今では，「心の時代」という言葉も何の違和感もなく受け入れられている。その意味で，1970 年代末に訪れた大きな転換は，「心の教育」という言葉を普及させるまでには至らなかったが，その普及の社会的土壌を培うものであったことは間違いないであろう。

　1980 年代になると，わが国では，長期的展望に立って教育改革を推進する

ために，内閣総理大臣の私的諮問機関として臨時教育審議会が設置された（1984年9月-1987年8月）。当初は，規制緩和の方向で「教育の自由化」が盛んに議論されたが，最終的にはその表現は全面に登場することなく，その対案として「個性重視」の原則が，「生涯学習体系への移行」や「国際化・情報化など変化への対応」の原則とともに提案された。この審議会は，その後の新自由主義的な教育改革の端緒になったと評価されているが(1)，「心の教育」に関していえば，「個性重視」の原則が，教育関係者の関心を，学習と生活を融合したような共同体的な学びよりも個別化された個人の学びに，つまり子ども同士の現実的な「つながり」の諸相よりも一人ひとりに即した個人の内面的なあり方に向けさせることになった。すなわち，個性の尊重は，個人の資質・能力をはじめ，感情や意志などの個々人の内面性に重きを置くことにつながった。それゆえ，個々人の心のあり方，それにかかわるカウンセリングという技法が注目され始めるようになった。事実，この審議会の答申には，「心の教育」という言葉は見られないが，カウンセリングに関する言及は，いくつかの箇所で見られる。たとえば，具体的にいうと，その第2次答申では，「徳育の充実」，「教員の資質向上」，「『いじめ』問題への当面の対応」などにかかわって，カウンセリングの重要性が指摘され，最終の第4次答申でも，「生涯学習体制の整備」にかかわって，「子どもの心をめぐるカウンセリングの普及」が主張された。なお，その構成委員の一人に，元文部次官で，後に「臨床心理士」の資格を認定する財団法人日本臨床心理士資格認定協会初代会頭（2代目の現会頭は元首相・元文部大臣森喜朗）に就任することになる木田宏も含まれていた。

　この臨時教育審議会が解散されると，それまで休眠状態であった中央教育審議会が1989（平成元）年に再開されることになった。1990（平成2）年には「生涯学習体制の基盤整備について」という第28回答申が，1991（平成3）年には「新しい時代に対応する教育の諸制度の改革について」という第29回答申が，第14期中央教育審議会より出された。そこでは，「心の教育」につながる個人の心への着目は，あまり見られなかった。

　ところが，1995（平成7）年に第15期中央教育審議会が発足すると，臨床心

理学者の重鎮河合隼雄が委員になったという事実が端的に示すように，カウンセリングや，それを行うカウンセラーの重要性が語られ，個人の心への着目は，急激に高まることになった。その傾向は，河合が委員となった第16期中央教育審議会や第17期中央教育審議会をはじめ，それ以降の，文部科学省内で新しく再編された中央教育審議会でも，引き継がれることになった。たとえば，第15期中央教育審議会によって1996（平成8）年に出された第1次答申「21世紀を展望した我が国の教育の在り方について」において，いじめや登校拒否の問題が取り上げられ，「個性を尊重し，お互いの差異を認め合うことの大切さは，これまでの我々の社会では十分に顧みられてこなかった」という課題意識から，「個を大切にし，個性を尊重する態度やその基礎となる新しい価値観を，社会全体が一体となって育てる」ことの重要性が強調された。その際に，改善策の一つとして，教育相談体制の充実が強く主張され，教師以外の専門家としてのスクールカウンセラーの必要性が記された。

1997（平成9）年に発足した第16期中央教育審議会は，同年8月に小杉隆文部大臣より「幼児期からの心の在り方について」という諮問を受けた。つまり，この時点において，「心」が教育の中心テーマに登場してきたのである。その理由として，冒頭に次のような文章が記されていた。

　　「今後の我が国においては，［ゆとり］の中で子どもたちに［生きる力］をはぐくむことを目指し，個性尊重を基本的な考え方として教育を展開していくことが求められている。こうした理念の実現を図る上で，子どもたち一人一人が，人間として調和のとれた成長を遂げることができる環境を創造していくこと，とりわけ，［生きる力］の礎とも言うべき，生命を尊重する心，他者への思いやりや社会性，倫理観や正義感，美しいものや自然に感動する心等の豊かな人間性の育成を目指し，心の教育の充実を図っていくことが極めて重要な課題となっている。」

この記述のなかに，「個性尊重」という表現で臨時教育審議会答申から引き継がれた「個性重視」の原則が打ち出されるとともに，「ゆとり」のなかで「生きる力」を育成するという教育観，いわゆる1998（平成10）年版学習指導要領

の改訂の基本方針，すなわち世間で流布する「ゆとり教育」の考え方が示された。そのうえで，そうした教育を実現する礎として，道徳的心情と特に深くかかわった人間性（道徳性）の育成とともに，「心の教育」の必要性が強調された。つまり，この時点で，「心の教育」が，「個性重視」の原則から，「ゆとり教育」を背景に，「生きる力」と道徳性の育成を取り込みながら教育界に登場してきたのである。さらに言えば，「心の教育」という言葉によって，「個性重視」が個人の「心」の重視に読みかえられた。このような個人の「心重視」という姿勢は，1998（平成10）年の学習指導要領の改訂だけにとどまることなく，同年6月に出された「新しい時代を拓く心を育てるために－次世代を育てる心を失う危機－」という中央教育審議会答申にも，そのまま呼応するかのように現れている。

「心重視」の顕著な例を一つあげるとすれば，内容もさることながら，何よりも答申のタイトルそれ自体が，まさにそのものである。すなわち，この答申では，メインタイトルとサブタイトルの両方に，「心」という言葉が登場している。一般に，著書や論文の場合でも，同じ言葉がメインタイトルとサブタイトルの両方で繰り返し登場するというのは，少しくどい印象を与えるために避けられるものである。その意味からすれば，「心重視」の姿勢は，タイトルの「心」という言葉の重複使用に象徴的に現れている。しかも，サブタイトルが，「次世代を育てる危機」であるならば，その意味内容的に比較的わかりやすいが，「心を失う」という語句の挿入によって，「次世代を育てる心を失う危機」となるために，少なくとも「次世代を育てる」危機なのか，「次世代を育てる心」を失う危機なのかが不明確になるという，不適切な日本語表現になっている。そのうえ，「気を失う」ならば理解できるが，「心を失う」という表現は日本語の表現として不自然であるため，「心を失う危機」というような危機は具体的にいかなるものかについても，明確なイメージを描くことは不可能である。しかし，明確なイメージを描けなくても，「心の危機」という命名は，漠然としていた事物や現象に対して一定の意味を付与することになり，新しい「心」の領域や問題を創出させることにつながった。たとえば，複雑な原因がからみあ

って生じているいじめや不登校の事柄が、「心の危機」という命名によって、「心の問題」という個体還元論的なフィクションの領域に新しく定義し直されることになり、「心重視」の姿勢を確固なものにしたといえよう。

　また、答申の内容を見ても、「心重視」の姿勢は明確に現れている。たとえば、「第3章　地域社会の力を生かそう」のところでは、臨床心理士などの人材を「家庭教育カウンセラー」として活用することが提案されている。そこには、なぜ家庭教育の支援にソーシャルワーカーのような福祉職ではなく、カウンセラーのような心理職が必要なのか、あるいは、臨床心理学を学べば、簡単に複雑な家庭教育の問題に適切に対処することができるのか、などという素朴な問いが看過されている。また、「第4章　心を育てる場として学校を見直そう」のところでは、「カウンセリング」や「カウンセリングマインド」、「スクールカウンセラー」の言葉が、文章のなかで繰り返し使用されている。そこでは、章のタイトルに顕著に現れているように、科学（学問）や文化を教えて「学力を身につける場としての学校」から、世界的にも類を見ない奇妙な「心を育てる場としての学校」に変えるという重大な学校観の転換が宣言されているのである。

　実際に、「心を育てる」という目標は学校教育にとって決して悪いことではないために、このようなスローガンに対しては、表だった批判や反駁は生じにくい。それゆえ、「心重視」の姿勢を示す「心の教育」という言葉は、教育学関係の学会のなかで概念規定について十分に吟味されることなく、この中央教育審議会答申を大きな契機として、教育現場に広まっていた。その意味で、この答申における「心の教育」という言葉は、心理主義化を拡大する「学校現場に仕掛けられた『トロイの木馬』」[2]になりえるものであったといえよう。その後の「心の教育」の様相を眺めると、その広がりは、まさにその表現どおりのものとなったが、そのような結果につながった大きな要因には、巧みな心理業界の宣伝効果も確かにあるが、何といっても「心のケア」を求める現代の社会風潮の存在があげられる。

2 「心の教育」を拡散させる社会風潮

　「心の教育」という言葉は，美しい響きをもっており，多くの人々が賛同・同調してしまうために，現在では，広く普及するなかで聖性すら帯びるようになり，教育の重要な指針や価値判断の枠組みにもなっている。それゆえ，「心とは何か」，「心はあるのか」，「心はモノなのか」などというような基本的な疑問を呈することは，はばかられる現在の雰囲気である。そもそもこの言葉が公的な文書のなかで市民権を得るのは，前述したように，中央教育審議会に対する1997年8月の「幼児期からの心の在り方について」の諮問であったが，「心の教育」という言葉を生み出し，広めるような社会風潮がそれ以前からわが国に存在していたのではないかと考えられる。そのなかでも，大枠でとらえるならば，最も大きい要因と思われるのは，新自由主義の時代的潮流ではないだろうか。

　新自由主義について的確かつ詳細な説明は，筆者の能力をはるかに超えるものであるばかりか，本稿の直接的な課題でもない。したがって，ここでは，「心の教育」の広がりの時代背景を理解するために，最低限度の説明を大枠において行う。まず定義づけとしては，新自由主義は，1980年代以降に世界的に広まった経済思想・政策思潮であるといえよう。さらにその特徴についていえば，新自由主義の下では，経済的な危機を脱して安定的に成長していくために，規制緩和やグローバリゼーションが求められ，個人の自由と責任に基づく競争と市場原理が重視される。

　新自由主義の影響を人間の視点から見直せば，生き方の基準の変更が求められることになる。つまり，個々人の個性や能力が，価値多様化社会のなかでの評価軸の中心になり，個々人の個性や能力の開発が競争的に，時には自己実現的に求められることになる。その結果，個人化が，生産・労働や消費などのさまざまな諸活動において促進される。したがって，そこでは，成果主義が蔓延し，社会性や個々人の共同体的なつながりは軽んじられることになる。そのために，その時流にうまく乗れた個々の人間は少数のいわゆる「勝ち組」と呼ばれ，それに乗れなかった人間はいわゆる「負け組」と呼ばれるが，「負け組」

の人間には，現実社会において落胆して逸脱・暴走しないように，「心のケア」が社会システムとして用意されることになる。また，「勝ち組」のなかの少なからずの人間は，活動のプロセスのなかでストレスを覚えるだけでなく，「ほんとうの自分」や「自己実現」といったような，個人の内面において普通では達成できないより高いハードルを設けることによって，つねに個々人のなかで急き立てられることになる。いずれにせよ，新自由主義による個人化の進展は，現実の地域社会や生活に向けた共生・共存や連帯の意識を弱め，逆に個々人の内的な自己意識を強めることになる。したがって，支援や援助を受ける場合にも，個々人は，現実には自立的，別な言い方をすれば孤立的に活動しているために，身近な人々との助け合いを求めるのではなく，いや求めることもできずに，まったくの第三者に個別に，現実の生活圏という聖域を侵されないかたちで自己権益的な「心のケア」を求めなければならないのである。つまり，大枠においていえば，新自由主義による個人化は，個々人の内的な自己意識を強めるとともに，個人によって個別に異なる「心のケア」を必要とするセラピー的な社会とそうした人間関係をつくり出してしまうのである。

　そのような新自由主義的な時代背景の下，わが国では，子どもを巻き込んだ痛ましい事件が起きていた。

　たとえば，1996（平成8）年11月，一流大学出身の父親が息子の暴力に耐え切れず殺害する，という悲惨な事件が東京都文京区で発生した。この事件の原因として，当事者の心の内面がマスコミで注目されていた。その翌年には，神戸市須磨区で連続児童殺傷事件が発生した。特に，その年の5月に小学5年生男子を殺害して神戸新聞社に犯行声明文を「酒鬼薔薇聖斗」の名前で送りつけた件は，犯罪の異様さと，その犯人が当時14歳の中学2年生男子であったために，世間を震撼させるものであった。この時，文部省（現文部科学省）と兵庫県教育委員会は，当該の中学校だけでなく，事件のあった須磨区北部の小学校や中学校に対して，緊急に「心の専門家」と称するスクールカウンセラーを派遣し，「心のケア」に当たらせた。また，マスコミ報道を中心に，犯人の心の内面が注目され，「心の闇」という言葉が連呼された。そこでは，犯人はも

ちろんのこと，事件に関係する子どもたちの個人化された「心の闇」や「心のケア」が注目された。

その後，直ちに兵庫県教育委員会と神戸市教育委員会は，「心の教育推進会議」を立ち上げることになった。この自治体の教育行政機関は，この名称に顕著に現れているように，「心の教育」というキーワードによって即応しようとしたのである。そこでは，悲惨な類似の事件を二度と起こさないように予防することが，「心の教育」の目標とされていた[3]。

ところが，「心の教育」という言葉は，十分に意味内容を吟味されることもなく，マスコミを通してムード的に広がった。その結果，「心の教育」という言葉は，やがて事件の未然防止のためという狭い意味よりも，事件発生後に社会の動揺を抑えるための精神安定剤のような役割も担うようになり，美しい響きをもった利便性のよい用語として拡張した意味で多様に使われた。その戦陣をきったのが，1997（平成9）年8月の中央教育審議会の「幼児期からの心の在り方について」という諮問であった。その諮問に対する答申によって，「心の教育」は，学問的な検討を経ることなく，市民権を得ることになったのである。

神戸市の連続児童殺傷事件後，1998（平成10）年の栃木女性教師殺傷事件，2000（平成12）年の西鉄バスジャック事件と大分一家6人殺害事件，2006（平成18）年の岐阜中2少女殺人事件と奈良母子3人放火殺人事件，2007（平成19）年の会津若松母親殺害事件と寝屋川コンビニ強盗殺人事件，2008（平成20）年の八戸母子殺人事件など，若者による犯罪事件は，事件の未然防止が当初の目標であった「心の教育」の効果をあざ笑うかのように発生している。しかし，それらの事件が起きるたびに，「心の教育」の充実は，「心のケア」とともに，あいかわらず精神安定剤的な呪文のように叫ばれ，社会的な世論もそれでかなりの部分において満足している。まさに，こうした社会の対応を眺めると，新自由主義の時代を追い風にして，「心理主義化された社会」，さらにいえばセラピー文化がわが国に出現したのである。また，このまま放置されれば，4人に1人が精神分析やカウンセリングの専門家に依存しているような，病ん

だアメリカのセラピー文化がわが国に蔓延するのではないだろうか。

3　学校の心理主義化

　社会が心理主義化され，セラピー文化化されると，学校もそれとは無縁であるわけにはいかない。確実に，学校も心理主義化，ないしはセラピー文化化されてきている。その最も顕著なわが国の事例は，皮肉を込めていえば，世界的に見ても類をみない奇妙なスクールカウンセラーの派遣制度である。

　1995（平成7）年，当時の文部省は，いじめや不登校などの子どもの問題行動に対処するために，「スクールカウンセラー活用調査研究委託事業」を開始し，子どもの臨床心理に関して高度に専門的な知識・経験を有するスクールカウンセラーを公立の各学校に派遣し始めた。そこでは，いじめや不登校などの事柄は，複雑多岐な現実社会の要因によって生じているにもかかわらず，臨床心理に関しての高度に専門的な知識・経験を有する者だけが求められていることからも明らかなように，個々人の心の問題にすり替えられた。そのために，カウンセリングの本場であるアメリカにおいて，スクールカウンセラーは「心の専門家」の雰囲気を醸し出す心理職ではなく正真正銘の教育職であるという事実は，まったく無視された。したがって，わが国のスクールカウンセラーのような職務内容は，もちろん心理職の人材だけでなく，それ以外の教育職や福祉職や警察職などの人材でもよいし，あるいはむしろ適任である場合も少なくないが，そのような発想はまったく顧みられなかった。それどころか，スクールカウンセラーの資格要件としては，まっ先に財団法人日本臨床心理士資格認定協会の臨床心理士があげられ，心理学関係のなかでも，特定の団体に所属する心理職が優遇されるものであった。

　しかも，スクールカウンセラーの配置は限られた期間の「調査研究」であったにもかかわらず，他の多くの「調査研究」とは異なり，2001（平成13）年から，「スクールカウンセラー活用事業補助」という事業名を変更するかたちで存続されている。しかも，1995（平成7）年当時は，スクールカウンセラーの職務内容は，いじめや不登校などの問題をかかえる子どもに対するカウンセリング

であったが，最近では，児童生徒へのカウンセリングだけでなく，教職者に対する助言・援助，さらには保護者に対する助言・援助，そしてついに学校のコンサルテーションであるというように肥大化している[4]。つまり，臨床心理士を中心とするスクールカウンセラーの配置は，異議を差し挟む余地のないものとして，教育者や教育機関の中では定着していったのである。そこには，スクールカウンセラー活用関係予算の増加，つまりスクールカウンセラーの増員は，不登校児童生徒数の減少につながっていないという筆者の指摘をはじめ[5]，「例外的位置付けとされている『スクールカウンセラーに準ずる者』を多く活用している自治体において，大きな事業成果を上げている例がある」，「一定以上の配置率に達すると，配置率の向上が必ずしも比例的に問題行動件数の減少につながっていない」などと指摘する財務省の総括調査票のデータも[6]，真摯に検討するというような雰囲気はほとんど見られないのである。

　さらに，最近では，教師に対して，「自己一致」や「共感的理解」などのいわゆるカウンセリングマインドをはじめ，さまざまなカウンセリングや臨床心理学の知見が教師に強く求められるようになった。

　もちろん，和製英語でもあるカウンセリングマインドをはじめ，さまざまな心理学の知見や技法は，教育実践にとって大いに役立つものであるが，決して万能薬のように無批判に偏重されるべきものでもない。批判されるべきは，スクールカウンセラーとして日々子どもに真摯に向き合っている人たちではなく，心理的なカウンセリングに対する過剰期待や，それへの依存を無前提に許容してきた教師や親，さらにはマスコミや教育行政機関のカウンセリング至上主義である。その点に関連して，教育学者の佐藤学は，「教育の危機的現象を精神分析や臨床心理学によって心理化し私事化して認識し対処するのは，それ自体が，今日の教育改革の深刻な病理現象である。いじめ，不登校を始めとする教育の危機的現象のほとんどは，心理学の問題ではなく，社会的な問題であり制度的な問題である」と述べ，さらに続けて「公教育の原則において行うべき対処は，学校に行けない子どもたちの学習権の保障である。不登校という行為は病的な現象ではないし，カウンセラーが対処すべき事柄でもない」，そして「い

第3章 「心の教育」からの脱却とわが国の道徳教育の再構築　　127

総括調査票

所管	文部科学省	組織	文部科学本省		
事業名	スクールカウンセラー活用事業				
契約価格等					
	会計	一般会計	予算措置	教員研修等基本要経費補助金の内数(14年度:4,495百万円　15年度:3,994百万円　16年度:4,200百万円)	
事業の概要	学校におけるカウンセリング等の機能の充実を図るため、児童生徒の臨床心理に関して高度に専門的な知識・経験を有するスクールカウンセラー等を公立中学校を中心に配置し、それらを活用する際の諸課題について調査研究を行う事業				

① 調査の視点

◆調査の視点
・本事業においては、問題児童生徒の多い、荒れている学校、地域等のカウンセリング機能の充実を図り、問題児童生徒等の減少、いじめ等の低減を図ることを目的としているが、配置校においてもカウンセラーの配置基準を満たさないなど未配置校における配置基準の影響が指摘されている。
・現在、スクールカウンセラーの配置については、臨床心理士の資格を持つ者を原則的に配置する。配置回数は週30回を基本とし、さらに関係校区近隣校に巡回派遣することとなっている。
・スクールカウンセラーを配置することにより、事業成果をあげているかとうか、また、カウンセラー等について、配置校区での事業の成果が有効かどうかを検証する。

・このような観点から本事業を把握し、
・都道府県におけるスクールカウンセラー等の配置基準の調査。
・スクールカウンセラーに関する配置を多く、活用した場合の事業への影響
の調査内容の方が未配置校よりも、問題発生生徒率が大きいかどうかいについて調査を実施。

◆調査対象
・都道府県及び政令指定都市事業の行っている以下各県、という公立中学校の教育委員会等に対する現地調査。
・全国1177校の本事業を実施している公立の中学校の中から、各科目校自主・自発的発出ている学習調査(55校1校)について現地調査。

② 調査結果及びその分析

◆配置基準
・事業の効果に当たって、1校当たりの問題行動の件数が多い学校当たりの配置を受けている年度(平成14年度)の1校当たりの平均問題行動件数・配置校18.7件、未配置校3件。他方現時代は、配置を受けている有資格生徒の人数が多すぎる別格運営に比較している。

・カウンセラー配置による事業の効果に対する検証
・平成13年度と14年度の1校当たりの問題行動件数の減少率について比較。

	配置校	未配置校
1校当たりの問題行動件数 (AスクールカウンセラーOのみ配置する自治体)	▲11.7%	▲10.7%
(B)運ずる名を直近に前30校以内で配置する自治体	▲16.8%	▲15.6%
(C)運する名を全体の30校以上に配置する自治体	▲30.4%	▲17.4%

・平成14年度の中学校1校当たりのスクールカウンセラー配置校と問題行動件数の減少率との相関関係を比較。

配置率	0～20%	21～40%	41～60%	61～80%
減少率	▲6.8%	▲10.4%	▲8.2%	▲5.7%

◆調査研究内容の活用状況
・本事業で得られた情報は、校内研修や不登校・生徒指導の対策委員会など、学校単位での活用に留まっているものが多く、地域全体での活用状況は低調である。

H14情報提供状況 都道府県から他市町の他地域 市町村自身の他地域 当該中学校区
情報提供割合　10.4%　　32.4%　　31.8%

③ 今後の改善点・検討の方向性

◆問題点・課題
左記の調査結果から、以下のような問題点・課題を挙げることができるのではないか。
・スクールカウンセラーの配置校における問題行動の減少率は、未配置校のそれを若干上回るものの、今後、さらに大きな成果を上げていくためには、
・2割的な位置付けがされているスクールカウンセラーに関する各種のみを注力を用いて自治体にがり、大きな事業成果を上げている例が見られる。3～4割以上の配置に対すると、配置密度の向上が必ずしも比例的に問題行動数の減少につながっていないのではないか。
・4事業の成果の普及については、配置先である学校内での活用が集中している事例が少ない。

◆今後の改善策
これらの問題点・課題を踏まえ、本事業に一層効果的に実施するため、以下の点について、文部科学省に対し、今後の改善案の検討を求めたい。
・スクールカウンセラーに関する予算の配置・活用については、「原則として校数の30%以内とされている現行の基準を緩和・徹底し、1校当たり多く活用する活用方式を進めることができるよう工夫すべきである。
・一定規模相模を持った地域において行、地域における地域を活用する方式とられることで、地域の実情に応じた徳活方式とれるように効果的で事業の成果もより持続的であると想定される。
・事業実施により得られた情報を、国及び地方公共団体内で効積的、二次的活用する方式を進めるべきである。

表 3.1　財務省の総括調査票

じめという現象は，教室内の暴力と差別と排除によって生じている。決していじめられる子どもの心の病理によって生じているわけではない。したがって，いじめを解決しうるのは教室内の人間関係に責任を負っている教師であって，スクール・カウンセラーではない」，と主張している(7)。しかし残念ながら，佐藤学の指摘をあざ笑うかのように，今日の学校教育を見ていると，まさにカウンセリング至上主義が，わが国の学校実践を蝕んでいる。その結果，学校現場では，教師の日々の実践とその経験に基づいた「教示」や「指導」よりも，心理学ないしは臨床心理学の枠組み，特に「病理-治療モデル」の枠組みに基づいた子どもの心の理解，そしてその心への「援助」や「支援」，それを具体化したプログラムやスキルトレーニングが強調されるようになった。いまや学校全体は，子どもの体験を尊重しつつも時には厳しい指導を含みながら，文化や学問の教授を通して，人間形成を図っていく「学びの共同体」ではない。そこでは，「病理-治療モデル」の枠組みからすべての子どもが対象にされながら，できるだけ多くの不適応な子どもが捜し出され，「適応指導教室」や「児童自立支援施設」のように，社会への適応が目指されている。たとえば，1970年代初めにアメリカの自立生活運動の中で障害者の力を互いに活かし合うために開発されたピア・カウンセリングを，1970年代後半にアメリカで精神障害者や精神遅滞者，身体障害者，非行・犯罪を繰り返す長期囚人などに対して，社会復帰に向けてオペラント条件づけやモデリングの手法に基づいて開発されたソーシャル・スキルトレーニングなどを，方法的な工夫を加えながら学校の実践で広く活用している事実は，その顕著な現れである。まさに，心理主義化された社会の影響を受け，学校でも心理主義化が進んでいるのである。

第2節　道徳教育の心理主義化

1　学習指導要領の改訂

周知のように，1958（昭和33）年版学習指導要領（以下，本章では特に断らない限り，小学校のものを対象とする）において，「道徳の時間」が登場した。その

第3章第1節において，最初に，総則における道徳教育の目標の部分，すなわち「人間尊重の精神を一貫して失わず，この精神を，家庭，学校その他各自がその一員であるそれぞれの社会の具体的な生活の中に生かし，個性豊かな文化の創造と民主的な国家および社会の発展に努め，進んで平和的な国際社会に貢献できる日本人を育成することを目標とする」という文章が再提示されたあとで，次のような「道徳の時間」における具体的な目標が記された。

1　日常生活の基本的な行動様式を理解し，これを身につけるように導く。
2　道徳的心情を高め，正邪善悪を判断する能力を養うように導く。
3　個性の伸長を助け，創造的な生活態度を確立するように導く。
4　民主的な国家・社会の成員として必要な道徳的態度と実践的意欲を高めるように導く。

次に，その目標を達成するための内容が示された。その内容は，具体的な四つの目標に対応したもの，すなわち，主として「日常生活の基本的行動様式」に関する内容，主として「道徳的心情，道徳的判断」に関する内容，主として「個性の伸長，創造的な生活態度」に関する内容，主として「国家・社会の成員としての道徳的態度と実践的意欲」に関する内容，とに区分されたうえで，36項目の内容が1番から36番まで並べられた。

次の改訂である1968（昭和43）年版では，教科の現代化が中心課題となり，教育の関心が教科教育，特に自然科学系のものに向かうなかにあって，道徳教育に関しては，1958（昭和33）年版に見られた四つの区分は削除され，1番から32番まで，32項目が内容として一括して示されることとなった。

次の改訂である1977（昭和52）年版では，「詰め込み教育」を改めるため，「ゆとりと充実」という言葉がキャッチフレーズであった。つまり，教育内容の精選が行われ，広い意味での「ゆとり教育」という流れはこの改訂版から始まった。教育の関心は教育内容の削減に向かうなかにあって，道徳教育に関しては，大きな変更は見られなかった。つまり，比較的大きな変更をあげるとすれば，1番から32番まで，32項目が内容として一括して示されたものが，少し精選されて，1番から28番までの28項目に変更されたのである。

ところが,「個性重視」の原則を打ち出し, カウンセリングという技法に言及した臨時教育審議会 (1984 年 9 月 – 1987 年 8 月) の答申の影響を受けた 1989 (平成元) 年版では, 道徳教育に関しては, 1987 (昭和 62) 年 12 月の教育課程審議会答申「幼稚園, 小学校, 中学校及び高等学校の教育課程の基準の改善について」において示された教育課程の基準の一つである「豊かな心をもち, たくましく生きる人間の育成を図ること」という方針に則るかたちで,「豊かな体験を通して児童の内面に根ざした道徳性の育成」という文言が総則のなかに新たに記された。つまり, 道徳教育の目標にかかわって,「豊かな体験」という言葉と同時に, 道徳的価値を「内面」という個人の内側 (いわゆる「心」) に閉じ込める発想がより強く盛り込まれたのである。

　もちろん, このような学習指導要領の総則において新たな言葉を道徳教育の目標の中に挿入したことは大きな変更点としてあげられるが, 道徳教育の内容それ自体に関していえば, それまでの 2 回の改訂には見られないような大きな変更が 1989 (平成元) 年版において行われた。つまり, 羅列的な表示であった内容項目が,「主として自分自身に関すること」,「主として他の人とのかかわりに関すること」,「主として自然や崇高なものとのかかわりに関すること」,「主として集団や社会とのかかわりに関すること」という四つの視点から区分された。しかも, 低学年, 中学年, 高学年と 2 年ごとに内容項目が括られたために, 一見して, より整理されたかたちになった。それによって, 内容の全体性と相互の関連性と発展性が明確化され, 内容項目間の重複もかなり解消された。したがって, 1989 (平成元) 年版で行われた改訂はおおむね教育関係者に好意的に受け取られ, その後の 2 回の改訂でも, 内容項目に関する四つの視点からの区分はそのまま継承されている。事実, この四つの視点からの区分について批判する声は, 現在のところあまり聞かれない状況である。

　しかし, この区分による表示も道徳教育の方法にとって完璧なものではない。それどころか, 批判を恐れずにいえば, 心理主義化に注目すると, 重大な問題が内容項目に関する四つの視点からの区分に垣間見られる。その点について, ここでは紙幅の関係もあり詳細に論じることはできないが, いくつかの事例を

あげながら，できるだけ簡潔に説明する。

たとえば，1977（昭和52）年版では，内容項目の(2)は，次のように記されていた。

(2) 「礼儀作法を正しくし，きまりのある生活をする。」（低学年においては，日常生活におけるあいさつ，服装などを正しくし，きめられた時刻を守ることを，中学年においては，時と場に応じて礼儀作法を正しくし，時間を上手に使うことを，高学年においては，更に，心の通った礼儀作法の大切さを理解すること，きまりのある生活をすることなどを加えて，主な内容とする。）

1977（昭和52）年版では，前半部分に他の人とかかわる「礼儀」が，後半部分に自分自身の「生活習慣」が記されていた。ところが，1989（平成元）年版においては，四つの区分に則って，後半部分の「生活習慣」が「自分自身」の区分に，前半の「礼儀」が「主として他の人とのかかわりに関すること」の区分に組み入れられたために，両者の価値内容が分離されることになった。その結果，自分自身の「きまりのある生活」を前提にし，そのつながりのなかで位置づけられてきた「礼儀」という道徳的行為が孤立的・無機的に扱われることになった。四つの区分によって，このような生活の情況性から切り離され，価値内容の有機的なつながりや現実性を弱められた事例は，(1)や(7)などでも見られるが，さらに問題を有すると考えられる事例は，(4)や⒇や(24)などの内容項目である[8]。ここでは，(4)の内容項目についてだけをその一例として説明する。1977（昭和52）年版では，内容項目の(4)は，次のように記されていた。

(4) 「自分の正しいと信ずるところに従って行動し，みだりに他人に動かされない。」（低学年においては，自分のことは自分ですることや自分の考えをはっきり述べることを，中学年においては，よく考えて正しいと信ずるところに従って行動することを，高学年においては，更に，みだりに他人の意見や行動に動かされないことを加えて，主な内容とする。）

この内容項目は，1989（平成元）年版には，ほとんど明確なかたちでは引き継がれず，削除されたものである。推察するに，このような道徳的価値の内容は，「主として自分自身に関すること」ないしは「主として他の人とのかかわ

りに関すること」の区分に入れられない。そのために，この内容項目は，四つの区分のなかに整理しきれなくなったと考えられる。ただし，1989（平成元）年版における「主として自分自身に関すること」の区分のなかに，近似したような内容項目は確かに見られる。たとえば，低学年の「自分でやらなければならない勉強や仕事は，しっかり行う」や「よいことと悪いことの区別をし，よいと思うことは進んで行う」などである。つまり，1977（昭和52）年版の「自分の正しいと信ずるところに従って行動し，みだりに他人に動かされない」という内容項目には，「他人」という言葉が含まれているために，その内容項目は，「主として自分自身に関すること」の区分に収まりきらないのである。そこで，「主として自分自身に関すること」の区分に収まるための表現に修正された内容項目が，1989（平成元）年版に記されている。つまり，内容が区分という方法に歪められたのである。

　しかも，1989（平成元）年版のように，「みだりに他人に動かされない」という後半部分が完全に削除され，1977（昭和52）年版の「自分の正しいと信ずるところに従って行動し」という前半部分に相当するような近似的な内容が，「主として自分自身に関すること」の区分のなかに組み入れられて記されても，個人の心は，単独ではなく，対人・対物との関係性において生じるものであるため，前半部分だけのそうした内容は日常性において明らかに不自然である。このような傾向は，1977（昭和52）年版でいえば，他に(9)などにも見られる。

　(9)については，この傾向は，道徳的価値の内容にかかわって，さらに大きな問題をつくり出してしまう。そこで，この点についても少し詳細に見てみよう。1977（昭和52）年版では，内容項目の(9)は，次のように記されていた。

　　(9)「人の忠告をよく聞いて自分を反省するとともに，思慮深く節度のある生活をする。」（低学年においては，人の忠告を聞いて過ちや欠点を素直に認め，わがままをしないことを，中学年においては，更に，度を過ごさない生活をすることを加え，高学年においては，常に言行をふりかえり，思慮深く行動するとともに，節度のある生活をすることを，主な内容とする。）

　前半部分の「人の忠告をよく聞いて自分を反省する」についてであるが，「人

の忠告をよく聞いて」の内容は，1989（平成元）年版には見られないが，「自分を反省する」というだけの内容は，「主として自分自身に関すること」の区分のなかに，中学年の項目として「よく考えて行動し，過ちは素直に改める」として組み入れられた。つまり，1977（昭和52）年版では，「反省」という自分自身の価値内容は，「忠告」という他人との関係において示されていたのに対して，1989（平成元）年版では，あくまでも閉じた個人のなかで完結されることになった。その意味では，「反省」という道徳的価値は，現実の生活を断ち切られたかたちで，個人の閉じられた心のなかの問題にされたのである。また，1977（昭和52）年版の後半部分の「思慮深く節度のある生活をする」という「節度」の内容項目も，1989（平成元）年版では，すべての学年を通して，「主として自分自身に関すること」の区分のなかに組み込まれ，個人の閉じられた心のなかの問題にすり替えられた。

　本来的にいって，「反省」や「節度」という道徳的価値は（もちろん，ほとんどのものがそうであるが），個人の閉じられた世界で孤立的に機能するものではないだけでなく，他の道徳的諸価値とも複雑につながるなかで実際の生活に生かされるものである。事実，1977（昭和52）年版の『小学校指導書道徳編』にも，この道徳的価値は，(18)「互いに信頼し合い，仲よく助け合う」，(19)「偏見をもたず，だれに対しても公正公平にふるまう」，(24)「社会の一員としての自覚をもって，公共物を大切にし，公徳を守る」などの項目に見られる「連帯の精神に強く支えられている点を忘れてはならない」と記され，さらに(5)「自他の自由を尊重し，自分の行動に責任をもつ」，(22)「権利を正しく主張するとともに，自分の果たすべき義務は確実に果たす」という点にも「深くかかわっている」と指摘されている。その意味で，1989（平成元）年版では，他人の忠告を聞いて反省したり，他人と相互に忠告し合うような，きわめてすぐれた教育的な人間関係も，個人の内面の問題に閉じ込められてしまい，実際の他者との関係でも，また学校生活のような集団や社会のなかでも必要とされていない，ということになる。まさに，四つに区分するという形式が，一面では記述内容を明確にしたが，他面では道徳的価値の内容を歪めてしまったのである。

このように，四つの区分は，道徳的価値の内容に対していくつかの問題，特に個人の内面の問題に閉じ込めるという問題を生み出しているが，それ自体にも，重大な問題を内包している。つまり，「主として自分自身に関すること」から始まる四つの視点については，すべて「私」個人が中心の位置に据えられてとらえられている。別な言い方をすれば，四つの視点に対して，主語がすべて「私」である，というような表現が見て取れる。そこには，つねに「私」が中心という，自己中心性，さらにいえば，自己崇拝ないしは利己主義が強くにじみ出ている。特に，最初の区分として「主として自分自身に関すること」という視点が打ち出されることによって，さまざまなものとつながった人間を個々人に意識的に分割して孤立化させた上で，道徳的価値の内容を提示している点は，それを裏打ちするものである。その意味でいえば，内容項目に関する1989（平成元）年版の改訂は，臨教審の「個性重視」の原則の時流を追い風にして，道徳の問題を個人の心の中に，特に感情のあり方に閉じ込めてしまう，心理主義化された道徳教育に大きく道を開くものであったといえよう。

　その次の改訂である1998（平成10）年版では，2002（平成14）年から実施予定の完全学校週五日制を踏まえて，「ゆとり」のなかで「生きる力」の育成をねらった改訂が行われたのであるが，この改訂による教育内容の厳選は，学力低下を誘引する「ゆとり教育」とラベリングされ，マスコミなどからも厳しく批判された。そのような点が特に注目された学習指導要領であったが，そこでも，道徳教育に関しては，よりいっそうの充実が求められた。この改訂における道徳教育の重視の立場は，従来は第3章に示されていた道徳教育の目標の記述を第1章の総則のところに移行させた，というところに顕著に現れている。しかし，移行した文章を詳細に見ていくと，「豊かな心をもち」という文言が挿入されていることに気づかされる。つまり，道徳教育における心理主義化の浸透は，この文言の挿入に明確に現れているといえよう。さらにいえば，うがった見方かもしれないが，総則における「豊かな心をもち」という文言の挿入は，4年後の2002（平成14）年に，全国の小中学生全員に無料で配布されることになる『心のノート』の布石になっていた，とも考えられる。

また，内容項目については，四つの区分の形式はまったく変更されず，その区分に振り分けられた内容項目の文言も，全体的には若干の修正を加えられただけであった。ただし，小学校の低学年において内容項目が一つ増えている。確かに，この増加はわずかであるが，各教科の内容が大幅に厳選されたことと比較すれば，対照的な動きである。つまり，この項目の増加にも，道徳教育の重視の傾向が見て取れる。

　その後，2006（平成18）年10月の閣議決定に基づき内閣に教育再生会議が設置され，そのなかで道徳教育に関しては，徳育の教科化や指導内容・方法の充実などが求められた。また，同年12月には教育基本法が改正され，道徳教育に関していえば，伝統と文化の尊重，および国と郷土の愛が強調された。2008（平成20）年1月には，中央教育審議会答申「幼稚園，小学校，中学校，高等学校及び特別支援学校の学習指導要領等の改善について」が出され，それを受けるかたちで同年3月，小学校学習指導要領の改訂版が幼稚園教育要領と中学校学習指導要領とともに公布された。

　そこでは，道徳教育に関していえば，徳育の教科化は見送られるとともに，基本的な道徳教育の方針やその重視の傾向は変わらないが，総則に記された目標の記述において，教育基本法の改定の影響を受けた文言が挿入され，第3章に記された「指導計画の作成と内容の取扱い」において，道徳教育推進教師を中心とした指導体制の充実というかたちで，新しい具体策が示された。また，第3章に記された目標のところで，中学校に見られた「人間としての生き方についての自覚を深め」という文言に対応するかたちで，小学校にも「自己の生き方についての考えを深め」という文言が新しく追加された。この追加の意図は，キャリア教育を道徳教育とのかかわりのなかで小学校段階からも取り入れようとするものであろう。この意図それ自体は，決して悪いわけではない。しかし，この文言の追加は，道徳教育の心理主義化という視点から見れば，自己の内省を求めようとしている点で，外の世界を見聞させなければならない小学校段階の子どもを，さらに自閉的な方向に誘導することに作用しかねないであろう。なぜならば，1989（平成元）年版では「児童の内面に根ざした道徳性の

育成」という文言が，1998（平成10）年版では「豊かな心をもち」という文言が挿入されたうえに，2008（平成20）年版ではさらに「自己の生き方についての考えを深め」という文言が加えられたかたちになっているからである。

以上見てきたように，道徳教育における心理主義化は，「個性重視」や「心の教育」の趨勢を追い風にしながら，平成期に入って学習指導要領のなかにも言葉として姿を現しており，しかも改訂のたびにその浸透を進行させているのである。

2　外国の道徳教育理論の輸入

わが国の道徳教育における心理主義化の浸透に関しては，外国の道徳教育理論の影響も少なくない。特に，アメリカから輸入された道徳教育理論のいくつかは，わが国の道徳教育界の現場に大きな影響を与えた。そのなかでも，代表的なものをあげるとすれば，第2章第1節でも言及されている「価値の明確化」理論と「モラルジレンマ授業」（第2章第1節では，「モラル・ジレンマ・ディスカッション」と命名されているもの）であろう。

「価値の明確化」理論は，アメリカの道徳教育において1970年代から80年代にかけて大きな影響を及ぼしたものである。この理論は，わが国では，1990年代に入ってから広く知られるようになり，現在でも，教育現場に受け入れられているだけでなく，『心のノート』のなかにも活用されているが，出生の地のアメリカでは，もはや主流の位置にはなく，あまり評価されなくなっている。この理論の推進者の一人であるハーミン（Merrill Harmin）は，すでに1988年の時点で，「我々が，価値中立主義を強調したことによりおそらく，伝統的道徳を弱めることになった」とその理論の悪影響を認め，それに続けて「振り返って見ると，もっとバランスの取れた考え方を示したほうがよかった」，と反省の弁とも取れる発言をしていたという(9)。しかし，わが国では，このようなハーミンの発言を無視するかのように，1990年代およびそれ以降も，「価値の明確化」理論は，広く普及することになった。

周知のように，「価値の明確化」理論では，価値について唯一絶対的な答え

は存在しないという前提の下に，人それぞれの価値観が尊重される。そのために，この理論に則った道徳授業において求められるのは，子どもに価値観を教えるのではなく，価値を獲得する個人の内面的なプロセスを援助することになる。それによって，道徳授業でしばしば見られる，教える側の価値観の押しつけがなくなり，子どもの価値表現が授業の中で積極的に受容されるために，自分らしく生きたい生き方が肯定される。その結果，「自己の明確化」が進み，自己肯定感を基礎にした自己実現感が高まるとされる。その意味で，「価値の明確化」理論に依拠する方法は，つねに読み物資料を活用しながら，反省を強いるわが国の従来の道徳授業に対して，一石を投ずるものであった。

　しかし，その反面，子どもに大切な価値を教える，あるいはそれについて指導するという，訓育機能としての道徳教育固有の特徴が弱められた。もちろん，この理論を提唱したアメリカのラスらは，子どもにその価値を選択してほしくないときには，明確に伝えるべきであると考えていたが，形式だけを輸入しがちなわが国にあっては，道徳授業では，「道徳的価値を教え込んではいけない」ないしは「結論をいってはならない」という風潮，すなわち授業は道徳的価値を教えることなく答えのないオープン・エンドで終わらなければならないという風潮が，教育現場に広まってしまった。さらには，個人の内面的なプロセスに焦点が当てられるために，尊重されるべき道徳的なものとそれ以外のもの（たとえば，個人的な好みや欲求などのようなもの）とが混同されがちであった。そのような混同が起きると，この理論がめざしていた健全な「自己実現」ではなく，むしろ自己中心的な肥大化した自我が強調されかねないのである。つまり，「価値の明確化」理論に内在している価値相対主義の弱点が，自己中心的な「自我形成」として露呈してしまうのである。したがって，負の面についていえば，「価値の明確化」理論は，そうした「自我形成」の弊害を招きながら，わが国の道徳教育における心理主義化をよりいっそう推し進めることになった。

　次に，「モラルジレンマ授業」についていうと，そのルーツは，アメリカのコールバーグの理論に求められる。コールバーグの名前それ自体は，1960年代の中頃からわが国の教育界でも知られるようになり，また彼の道徳性発達理

論も1970年代にも紹介されていた。しかし，彼の名前とその理論をわが国の教育界に一躍有名にしたのは，何といっても，荒木紀幸らであろう。

　荒木紀幸らは，1980年代にコールバーグの道徳教育論の実践的研究を進め，彼の道徳性発達理論に基づくジレンマ・ディスカッションを，わが国の「道徳の時間」に実践できるように工夫した。それが，「モラルジレンマ授業」と呼ばれるものであり，ときには「兵庫教育大学方式のモラルジレンマ授業」と呼ばれることもある。

　そこでは，一つの資料を使って2時間の授業が行われることになっていた。すなわち，道徳授業は，基本的に1主題2時間のものとなった。その授業過程モデルは，およそ次のようになる。まず1時間目には，「立ち止まり読み」という資料理解の段階があり，子どもたちは資料を分割しながらていねいに読み進める。続いて，授業の最後には，子どもが第1回目の判断理由づけを行う。つまり，子どもがどちらかのジレンマを選択することになる。

　2時間目に入ってはじめて，議論が展開される。そこでは最初に，相互の意見の批判吟味が行われ，そのうえで次に相互の意見の擦り合わせが行われることによって，一人ひとりの子どもが第2回目の判断理由づけに向かう。授業の最後には，結論は出されない。つまり，授業の終わりは，オープン・エンドということになる。

　したがって，「モラルジレンマ授業」では，仮に「道徳の時間」が1週間空いてしまっても，答えがわからない資料が使われるために，授業を進めるうえでは大きな支障はないとされている。その後，わが国では，「兵庫教育大学方式のモラルジレンマ授業」のように，1主題2時間の授業過程ではなく，1主題1時間で完結する実践も繰り広げられるようになった。現在では，1主題1時間で完結する方法がむしろ広く普及しているようである。

　いずれの方法，あるいは他のアレンジした方法を採用するにせよ，「モラルジレンマ授業」では，学級において自由に発言できる雰囲気をつくることや，子どもにとって有意義な道徳的価値を含むような資料を用いることが，とりわけ重要になる。

確かに，こうした議論を伴う「モラルジレンマ授業」では，子どもの積極的な授業参加の姿勢が見られ，道徳性に関する認知発達も促進されるであろう。何よりも，「副読本活用主義」にしばしば見られるワンパターンの心情主義的な道徳授業ではないために，子どもは楽しく道徳的価値に触れることができる。そのために，この授業の全国的な広まりも，当然のことといえよう。

しかし，この理論にも大きな弱点が存在する。事実，アメリカでも，コールバーグの道徳教育論は批判され，彼自らがその効果の不十分さを自覚し，新たにジャスト・コミュニティ・アプローチを提案している。その点からいっても，「モラルジレンマ授業」を過剰評価するのは，決して望ましいことではない。ところが，残念ながら形式だけを輸入しがちなわが国にあっては，この授業における活発な議論の場面だけが特に注目されてしまった。それゆえ，コールバーグの念頭にある学校段階は高等学校であったにもかかわらず，十分な思考力も身についていない小学生に対しても，ジィレンマ・ディスカッションの方法が何の躊躇もなく利用されてしまった。そうしたわが国の状況であったために，この理論からも，「価値の明確化」理論と同様に，教え込みを批判する立場から，授業は答えのないオープン・エンドで終わらなければならないという風潮が，相乗的に教育現場の「道徳の時間」に広まることになったのである。

確かに，「モラルジレンマ授業」では，「価値の明確化」理論に比べて，子ども同士の議論が行われる点で，個人の中で強く内面化だけを求めがちな心理主義化の特徴は明らかに弱いといえる。しかし，両者の実践では，道徳的価値の注入を避け，結果的にオープン・エンドで終わらせようとすることは，明らかに道徳教育の訓育機能を弱体化させてしまうであろう。訓育機能の弱体化は，わが国の現状では方法主義の温床，特に心理主義の温床をつくり出すことにつながるのである。

3 『心のノート』の出現

2002（平成14）年4月，文部科学省は，7億3千万円という多額の予算を使って，「心の教育」という大きな流れのなかで，『心のノート』という教材を全

国の小中学生全員に無償で配布した。この道徳教育の教材は教科書ではないという理由から検定作業を経ることもなかった。さらにいえば，教材の無償配布を行う法的根拠も認められていなかった。そのために，「これでは，国定の道徳教科書ではないか」という批判，さらには国定の「修心書」という揶揄も一部では起きていた。柴田義松も，『心のノート』に関しては，「きわめてモダンだが，執筆者は匿名の国定道徳教科書である」と性格づけを行ったうえで，「結局は，かつての国定修身教科書が果たしたのと同じ役割を果たすことが期待される『心のノート』なのである」という結論を導き出している(10)。しかし，そうした批判を無視するかたちで，文部科学省は，この冊子を子どもたちに「一生の宝となる心のプレゼント」として，あるいはさまざまな人たちを結ぶ「心の架け橋」として毎年のように多額の文教予算を使って無償配布し，「道徳の時間」だけでなく，多くの場面における活用を求めたのである。

　このような『心のノート』の作成や配布に関する教育政策的な評価や意味の問題は，ひとまずここでは横に置くとしても(11)，その教材の内容それ自体の特徴は道徳教育の視点から批判的に再検討されるべきである。

　もちろん，『心のノート』の教育政策的な評価や意味を問うような批判者たちは，『心のノート』の内容についても批判の目を向けている(12)。たとえば，戦前の国定修身教科書において「峰から湧きあがる雲」の挿絵が神話上の高天原や高千穂の峰を連想させるように描かれていたが，『心のノート』でも，類似したような青空や雲の絵や写真が頻繁に使用されていること，「歴史は大切に」という言葉はあっても，「戦争を起こさない」や「反戦」という言葉はまったくないこと，「感動的な」あるいは格言的な言葉が至るところで挿入されているが，広告のキャッチコピーのような，あるいは有名人による権威づけのような引用が見られること，などである。これらの点に対する批判は，さまざまな立場や信念から発せられており，それらについて当否を検討するのは確かに重要な問題ではあるが，紙幅の関係もあって，ここでは行わないこととする。むしろ，『道徳のノート』と呼ばずに，『心のノート』と名づけていることが大きな特徴であるとするならば，教材における心理主義化の実態にしぼって，その

内容について詳細に見てみよう。

　『心のノート』を眺めると、至るところに心理主義の思想と技法が使用されていることに気づかされる。たとえば、「私（わたし）」という一人称が「私（わたし）たち」よりもはるかに多く使われ、また強調されている。つまり、問題を個人、特に個人の心に過剰に還元しようとする思想がそこに如実に現れている。たとえば、『心のノート』の導入部分では、小学校の低学年のものが「あなたのことをおしえてね」、小学校の中学年のものが「そっと自分に聞いてみよう」、小学校の高学年のものが「これがいまのわたし」、中学校のものが「私の自我像」となっているところに顕著に示されているように、子どもの内面を見つめさせるところから、その教材は綴られている。もちろん、『心のノート』の構成は、学習指導要領の内容項目に完全に即応して、四つの区分の「主として自分自身に関すること」から始まっていることを勘案すれば、子どもの内省からの出発は、とりわけ不自然なことでもなければ、むしろ当然のことと考えられる。

　しかし、他の区分の箇所でも、その傾向が見られるところは大いに問題である。たとえば、小学校の高学年の「主として他の人とのかかわりに関すること」に相当するところには、「よりそうこと、わかり合うことから」という項目が4頁設けられている。その前半の2頁には、相田みつをの詩「しあわせはいつも」が掲載されているが、その詩の最後は、「そういうわたしはいつもセトモノ」というように、「私」が強調されている。次の後半の2頁には、「広い心」というタイトルで、さまざまなメッセージやつぶやきが記載されているが、そのなかで「私」を強調しているいくつかをあげてみると、次のようなものがある。「わたしはわたしと思っている自分」、「相手のことが許せないと思うことがある自分」、「わたしのことをわかってほしいと思っている自分」、「わたしのまわりにはたくさんの人がいるけれどひとりとして同じ人はいない」、「自分の心がみがかれどんどん大きくなる」、「自分とはちがう意見や考え方を認めるのはむずかしいこと」、「そんなとき、もう一度いまの自分をみつめよう」、「自分と意見がちがうからこそその人から学ぶことができる」、「わたしの意見」、「自分の意見

にどのようにえいきょうしましたか」などである。さらにあげれば，「あなたがいま関心のあることについて，多くの意見を聞いて心を大きく育てよう」，「どのようなことを感じたり思ったりしましたか」，「そして，相手の立場に立ってみる。そこからは，ちがう景色がみえるはず」と語りかけられている相手は，『心のノート』を使用する「私」に対してである。

このような「私」への過剰な執着は，自分の中の閉じた心の世界に子どもの意識を向けることになり，その結果，日常の現実世界との「つながり」に子どもの意識をあまり向けさせなくしてしまう。それによって，かえって子どもは孤独感に陥りやすくなるだけでなく，未熟な自分のエゴを肥大化させてしまい，いわゆる「自己チュウ」を促進するだけであろう。論語に「徳不孤 必有隣」（徳は孤ならず，必ず隣りあり）（意訳：有徳者は決して孤立するものではない。必ず親しい仲間ができるものである）という言葉があるが，まさにその正反対を行くような生き方が奨励されるようなものである。このような問題が『心のノート』に垣間見られるのである。

しかし，こうした心理主義化は，単にその個人における人間性に悪影響を及ぼすだけではなく，個々人の文化や社会とのかかわりにおいても大きな問題を孕むことになる。

たとえば，小学校の高学年のものについていえば，「主として集団や社会とのかかわりに関すること」における公正・公平の内容項目に相当するところでも，「どうしてゆがめてしまうのか？」というテーマに対して，次のような言葉が記されている。すなわち，「ふと知らないうちにだれかの心を傷つけてしまっている。知らず知らずのうちにかたよった見方をしている。そんなことはないだろうか？」，「すべて人間であるかぎり差別やかたよった見方は許されない。ゆがんだ考えをもつ人はその人自身の心の中に弱さがあるにちがいない」と。つまり，ここでも，「集団や社会とのかかわり」の現実的な問題に対しても，その原因が個人（私）の心の問題に還元されている。特に，後者の社会的な差別問題に対して，個人（私）の心の問題に原因を求めてしまっているところは，単なる自閉的な問題としてだけでは済まされない，ほとんど誤認に近い記述で

ある。なぜなら，そうした差別の原因は，個人（私）の心の問題だけでなく，歴史的・文化的・社会的な構造のなかで生み出された現実の問題もともなうからである。その点については，かつての同和対策審議会答申（1965年）のなかで，実態的差別と心理的差別という二つの差別が明記されているのは，それを裏打ちするものであろう。しかし，『心のノート』では，同和対策審議会答申の論理に従えば，日本社会の歴史的発展の過程において形成され，同和地区住民の生活実態に具現されている実態的差別，つまり就職・教育の機会均等が実質的に保障されず，政治に参与する権利が選挙などの機会に阻害され，一般行政諸施策がその対象から疎外されるなどの実態的差別について合理的認識を欠いたまま，差別する人には「その人自身の心の中に弱さがある」という認識に基づいて，「差別する心はいけない」，「差別されている人に思いやりの心をもつ」などという心がけが，教えられることになってしまう。それでは，現実の社会問題について感じ，そして考え，そのうえで実際に行動しようとする善良な人間的徳性が育てられず，それどころか間違った認識すらも養われてしまいかねないのである。

　さらにいえば，心理主義化は，こうした社会問題だけでなく，日常的な生活や行動の人間的徳性に対しても大きな影を落としかねない。たとえば，小学校の中学年の『心のノート』には，「あやまちを『たから』としよう」というタイトルの項目が設けられている（図3.1を参照）。その項目は，「主として自分自身に関すること」にかかわるものであるが，そこでは，少年がサッカーボールでおじさんの植木鉢を壊してしまい，そして謝っているという場面の絵が描かれている。そのうえで，「あやまちは，これからの自分をよくしていくための『たから』となります」，「それには，あやまちをしてしまった原いんをよく考えて，『もう，これからはぜったいにしないぞ』と，強く思うことです」などと，内面への働きかけの言葉が羅列されている。さらに，「あなたの失敗には，どんなことがありましたか」という問いかけに答える空欄と，「それにはどんなことが足りなかったのでしょう」というさらなる問いかけと，それに該当する回答の選択肢が用意されている。そこには，過去を思い出させて言葉で記しなが

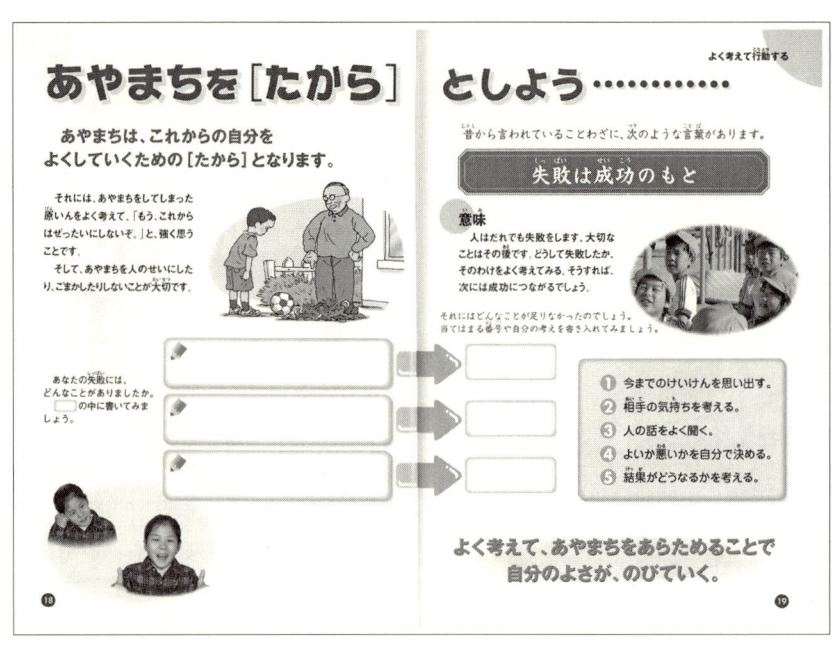

図 3.1 『心のノート』

図 3.2 『国定修身教科書』

ら意識を明確化させる「価値の明確化」理論の活用とともに、子どもが回答を自主的に選んだ、という気持ちになるような誘導が、巧みなかたちで組み込まれている。つまり、日常生活における「あやまち」の問題が、みごとに心理主義化されたかたちで道徳の教材に転換されているのである。

このような現実の問題が、心理主義化されることによって新たな問題を生み出すことになった。その問題を生み出すきっかけは、この種の日常の場面を、心の問題にするために、「主として自分自身に関するこ

と」の枠に組み入れてしまったことである。この自分自身の問題は，個人の心の問題になり，あやまちを「たから」にしようとする心構えが指導されることになる。しかし，そのような転換は，日常の道徳性をとんでもなく歪めてしまっている。

　つまり，日常生活において，他人のものを壊し，迷惑をかけてしまった行為が起きたならば，まず何を置いてもしなければならない態度は，「謝る」という外的な行為であって，自分のための「たから」にしようとする内的な心構えではないはずである。少年が，他人に現実に損害を与え迷惑をかけておきながら内面では「あやまち」を「たから」にしようと思っているのであるから，その行為は，日常の道徳としては不適切であると同時に，自己の思い上がりもはなはだしいものである。まさに，「子どもを巧みに道徳の教材によって利己主義にさせたいのか」，と突っ込みを入れたくなるような愚かな内容が，心の偏重によって『心のノート』に掲載されてしまっているのである。

　そのおかしさは，類似した教材と比較すれば，より明確になる。奇しくも，この場面の類似した教材が，戦前の第3期国定修身教科書において見られる。

　そこでは，「アヤマチヲカクスナ」というテーマで，少年が他人の家の障子をボールで破ってしまい，謝っているという場面の絵とともに，「トラキチ　ノ　ナゲタ　マリガ　ソレテ，トナリ　ノ　シヤウジ　ヲ　ヤブリマシタ。トラキチ　ハ　スグトナリ　ヘ　アヤマリ　ニ　イキマシタ。」と，いう文章が記されている（図3.2を参照）。つまり，このような場面に際して，戦前の国定修身教科書では，「あやまち」に対しては隠さないで「謝る」というメッセージが明確に示されており，日常の道徳としてはきわめて妥当な説諭である。このような戦前の教材と比べてみても明らかなように，行き過ぎた心理主義化の道徳の内容は，きわめて大きな問題性を有するのである。

　このような問題性について，文部科学省でも気づいたのかどうかわからないが，2006（平成18）年度補訂版では，少年がサッカーボールでおじさんの植木鉢を壊してしまい，そして謝っているという場面の絵だけがいつの間にか別のものに差し替えられている（図3.3を参照）。しかし，他の写真や文章はまった

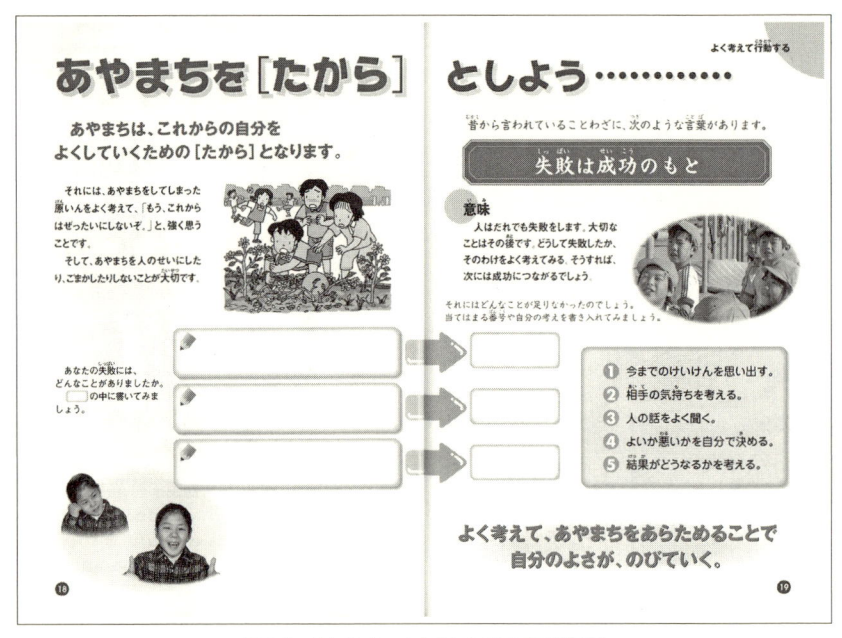

図 3.3 『心のノート』平成 18 年度補訂版

く変更されていない。したがって，絵の差し替えが行われても，本質的な問題点は解決されていないのである。それどころか，皮肉的な見方をすれば，絵の差し替えという姑息な対症療法だけで批判をかわそうとする姿勢の作成者たち自身が，あやまちを「たから」にするという『心のノート』の心理主義的な道徳的価値に従ったつもりでいるかもしれないが，「あやまち」に対しては隠さないで「謝る」という，戦前の国定修身教科書に記された道徳的価値さえも，さらに言えば現実の道徳に必ず付随する行為への「反省」という謙虚ささえも踏みにじっているようにも思われる。まさに，作成者たちの道徳性や道徳的感覚が疑われるところである。実際に，作成者たちは，そうした道徳性や道徳的感覚であるから，差し替えた絵によって，現実生活にとってよりいっそうおろかな道徳的メッセージを発してしまっていることにすら気づいていないように思われる。

差し替えられた絵を見ると，少年が花壇の花をボールで倒してしまい，元どおりにならないか手で直そうとしている。その少年が自分の「あやまち」をごまかそうとしているか，ただ動揺して直そうとしているのかどうかはわからないが，ただ少年が謝ろうとしていないことだけは明白である。元の絵（図3.1）では，少年が頭を下げて謝っていながら，心の中で自分のことしか考えていないという思い上がりが見られた。ところが，補訂版の差し替えられた絵では，「あやまち」に対しては「謝る」という言葉もなければ行為もなく，悪く見れば，「あやまち」を隠そうしていると思われてしまうような行為が示されている。戦前の国定修身教科書に示された（図3.2），「あやまち」に対しては隠さないで「謝る」というメッセージとは，絵だけ見れば，ますます逆の方向に，つまり「あやまち」を隠してごまかそうという方向に進めてしまっているようである。そのように解釈されてしまうような絵を差し替えておきながら，その絵の左側には，あいかわらず，当然のことながら「謝る」という言葉もなく，「あやまちを人のせいにしたり，ごまかしたりしないことが大切です」という言葉が無味乾燥に記されているだけに，道徳教育に見られる付け焼き刃的な対症療法の負の遺産が，みごとなほど顕著にまた典型的に『心のノート』のこの箇所に露呈してしまっているのである。

そうした心理主義の問題点それ自体については，またあらためて後述するが，1958（昭和33）年の「道徳の時間」の特設にあたって理論的支柱であった勝部真長（当時の文部省調査官）は，「……戦後の新教育においては，人は心理主義の考えの中に，その答えを探した[13]」と見なして新教育の問題性を批判し，心理主義に陥らないように注意を促していた。彼にあっては，心理主義の克服こそが，「道徳の時間」の特設の大きな目的の一つであったのである。その意味では，50年以上も前から，道徳教育の心理主義化の危険性は気づかれていたにもかかわらず，現在の文部科学省の趨勢は，彼の指摘を無視するかのように，『心のノート』を作成配布して，個人の心のあり方に過剰に意識しているのである。もちろん，『心のノート』の内容は，従来の国語科的な読み物資料よりは進歩している点で，全面的に否定されるべきものではないが，「道徳の

時間」の特設のような特定の授業を前提とするならば，道徳教育の原点に立ち返り，その内容について根本的に吟味検討する時期が来ていると思われる。

第3節　道徳教育の再構築へのヒント

1　社会科を中心とした道徳教育

　勝部真長と同じように，一般に「道徳の時間」の特設を推進する道徳教育の研究者やその関係者は，現在でも戦後の新教育に対しては，道徳教育の観点から見れば，社会科を中心とした道徳教育に対しては，「はいまわる経験主義」と揶揄し，判で押したように批判し続けている。確かに，社会科を中心とした道徳教育は，社会認識のレベルにとどまってしまい，道徳的価値の習得という点では不十分である。事実，1950（昭和25）年の第二次アメリカ教育使節団報告書でも，「道徳教育は，ただ社会科だけからくるものだと考えるのはまったく無意味である」[14]という指摘がなされている。したがって，そうした意味の道徳教育は批判されてもしかるべきではある。しかし，社会科を中心とした道徳教育は，現在において全面的に否定されるべきものではない。なぜならば，心理主義化された道徳教育を何の疑問もなく受け入れてしまう現在的情況下では，かえってそこから学ぶべき点は少なくないと考えられるからである。

　周知のように，社会科を中心とした道徳教育は，修身科を中心とした戦前の徳目主義的な道徳教育を全面的に否定して登場してきたものである。戦前では，「たとえば『孝』という徳目を指導する際に，多くの場合，それを具体的な社会生活の全体から切り離し，古い例話を用いて，その徳目にしたがう個人の心術だけを作り上げようとする傾向」があり，「その結果は道徳教育が一般的に抽象的，観念的になり，親子の間を具体的な社会生活の中で正しく合理的に処理していくこと」においては，「指導に欠けるところが多かった」のである[15]。そのために，戦後においては，現実の社会生活に即した道徳教育が求められた。つまり，徳目よりも情況認識の志向が道徳教育にとって重要視されたのである。そこで，それまでの修身・公民・地理・歴史などの教科の内容を融合し，合理

的な社会認識を育成する教科として社会科が新設され，道徳教育の中心的な位置を占めるようになったのである。1947（昭和22）年の『学習指導要領社会科編Ⅰ』（試案）でも，社会科の目標が記されているところの記述を見ても，「礼儀正しい社会人として行動するように導くこと」や「正義・公正・寛容・友愛の精神をもって，共同の福祉を増進する関心と能力とを発展させること」などの道徳教育の目標といえるような内容が含まれていたのである。

　ところが，徳目の教授を重視する保守的な層からの道徳教育批判や社会科解体論，アメリカの対日政策の転換やわが国の政治情況などもあって，1958（昭和33）年に文部省（現文部科学省）は，全面主義道徳教育の基本方針を堅持しつつも，「道徳の時間」の特設を推し進めたのである。そのときを大きな分岐点として，わが国では，社会科を中心とする道徳教育の考え方は弱まり，現在まで，「道徳の時間」を中心としながら，学校の教育活動全体を通じて行うという道徳教育の方針が継承されている。その意味では，社会科を中心とする道徳教育の考え方は，現状ではあまり肯定されるものではなくなった。しかし，繰り返し本章において指摘したように，心理主義の影響を色濃く受けて，社会とのつながりを弱めているような教育の現在的情況において，子どもの道徳性の育成は十分に成果を収めていない現実を勘案するとき，否定されたはずの社会科を中心とする道徳教育の考え方を再評価することは，一定の意味を有するであろう。なぜならば，観念やフィクションではなく，変化する現実の社会に根づいた道徳性の育成が，さらにいえば「持続可能な社会」を築いていくための道徳性の育成が，いま国際的なレベルで求められているからである。

　先にあげた勝部真長は，道徳教育の構造として，習慣化と内面化と社会化という三つの展開を構想している[16]。習慣化とは，基本的な社会生活の行動様式を身につけさせることであり，一般に「しつけ」と呼ばれるものである。内面化とは，心理学的にいえば「動機づけ」のことであり，倫理学的にいえば「魂のめざめ」である。社会化とは，「実践化」のことであり，集団における行動化や組織化である。彼によれば，習慣形成が他律から自律的なものに転換し，自発性に裏づけられた行動になってはじめて，内面化の段階が開かれるという。

その内面化の段階を経て，子どもは自分のなすべき意味をわかるようになるが，それだけでは，わかっているのに実行できないということになる。特に，遠慮や引っ込み思案とか事なかれ主義といったわが国の国民的心性を考えれば，実践化していくためには第三の社会化の段階が必要であるという。そこで，わが国の学校では，行動の社会化と通じて社会の場における公人としての行動や，組織のなかでの自己の責任が学ばれなければならないとされている。このような勝部真長の論を見ても，内面化だけが強調されるのではなく，その前後に社会認識や社会行動があわせて重視されている。つまり，新教育を批判し，「道徳の時間」の特設を求めた勝部にあっても，社会や生活の認識，さらにはその行動のかかわらない道徳教育はありえないのである。

したがって，心理主義的な内面化だけが自己のみで発展し続けることは一般的にはありえず，それどころか神や仏の存在規定を前提としないわが国の子どもにとっては，そうした内面化は自己崇拝に依拠した傲慢さやエゴを助長させるだけであろう。その意味では，現在のわが国において，内面化は，社会との現実的・具体的な経験とのかかわりのなかで重要なものである。その点からいえば，社会科を中心とした道徳教育の考え方は，道徳教育における社会の重要性を教えてくれるものであり，そのようなかたちの道徳教育の実践も，ある部分において積極的に取り入れてもよいのではないだろうか。

2　NIEによる道徳教育

もちろん，「方法に万能はない」が，道徳教育において過度の心理主義化を防ぎ，社会の重要性を大切にする方法の一つとして，NIEの方法があげられる。NIEとは，Newspaper in Educationの頭文字を取ったものであり，新聞を活用した教育活動のことである。この方法それ自体は，特に教育現場において目新しいものではないが，バーチャルな世界に没入しがちな高度情報化社会にあって，現実社会との情況性を断ち切り，心理主義的な手法に則ってフィクションの世界に偏りがちな今日の道徳教育の現状をかんがみるとき，再評価すべきものであると考えられる。

新聞記事は，心理主義的な手法の一つである「モラルジレンマ授業」に利用されることも少なくない。具体的にいうと，対立した二つの価値観の新聞記事が道徳資料として取り上げられ，子どもたちは，自分ならどちらの立場を支持するのかについて意見交換し，友だちの意見を参考にしながら，自分の価値観を身につけていくというものである。

　また，新聞記事は，もちろん副読本のように，「道徳の時間」のための資料として使用されることもある。しかし，それ以上に新聞記事は，道徳資料として活用できるものである。なぜならば，新聞記事は，多種多様な人間の社会事象のなかで総合的・調和的に道徳的価値を包含し，また日常の社会や生活との情況性を確保しているために，さまざまなかたちで「生きた教材」としての資料になりうるからである（しかし，小学生には，一般の新聞記事は内容的に無理ではないか，という疑問も確かにあるだろうが，年齢的に読解が不可能な場合には，子ども向けの新聞の利用も可能である）。しかも，新聞記事は，道徳資料としてわざとつくられていないだけに，何よりもあの副読本のような白々しさがなく，また，教科教育における知識の現実的応用という側面を有しながら，現実の社会や生活との「つながり」をつねに有したものであるために，むしろ自然なかたちで道徳的価値を内包している。その意味で，新聞記事は，「道徳の時間」においていわば現実社会とつながった重要な資料になりうるものである。

　さらに，新聞記事は，「道徳の時間」以外の領域でも，つまり各教科や総合的な学習の時間などにおいても，直接的ではなくても，間接的な道徳教育に寄与できるものである。なぜならば，社会・情況還元論的な視野を提供する新聞記事は，生活や社会との関係性のなかで道徳的価値をつねに包含しているからである。特に，総合的な学習の時間において，共同的な新聞記事の切り抜き作業や発表会などのNIEの活動を通して，有益な道徳的実践の場が形づくられるであろう。さらにいえば，そうした活動から，新聞の読者欄への投書および自分たちの活動記事などの掲載が生まれるなら，まさに子どもたちは学校の領域を超えて，実社会への参画の貴重な体験を味わうことになるであろう。そのうえ，社会事象の生きた知識を総合的に提示している新聞記事は，ファミリー

フォーカス（家族との意見交換活動）の話題になりやすいものであるために，道徳教育にとっての学校と家庭との連携にも貢献しうるものである。

このように，NIE という方法は道徳教育の方法として有益な特徴を有しているが，そうであるからといって，心理主義の方法と同様に，万能薬のように「やみくもに」受容され過大評価されるべきではないであろう。

しかし，NIE は，現実情況へのつながりだけでなく，教師の存在意義と資質能力を高めることにつながる点で，すぐれた方法である。なぜならば，心理主義の方法の下では，教師は開発されたプログラムのユーザーないしは執行人のレベルにとどまるのに対し，NIE の下では，教師はまずマニュアルに学びながらも，やがてそれを乗り越えて，「ある教材」から工夫して「なる教材」への変換を創造的に図るカリキュラムのデザイナーないしは開発者のレベルになりうるからである。つまり，後者の下では，教師に対してより大きな自由と責任が与えられ，教師自身が好奇心の目を輝かせることになる。その結果，教師自身が努力すれば，健全に成長し輝き，またそれによって子どもも健全に成長し輝くことになる。そのような可能性をもつだけに，NIE の研究と実践は，道徳教育において現代的意義を有すると同時に，特に「道徳の時間」については，わざとらしい道徳資料に執着し続けて大きな成果を上げられないでいる道徳教育界に対して，根本的な改善に向けての大きな刺激となるであろう。

3　同和教育・人権教育による道徳教育

同和教育の実践は，西日本を中心に盛んに行われてきた。「道徳の時間」において，しばしば同和教育に関連する教材が使用されることも少なくなかった。そのなかでも，たとえば，奈良県の『なかま』や大阪府の『にんげん』が同和教育の教材として有名である。

同和教育は，くらしの現実から差別や人権を学び，学習と生活との結合をめざした「仲間づくり」の実践を通じて，社会的な差別を克服できるような力を子どもに身につけさせるものである。したがって，学校では，同和教育の大原則は，「しんどい子を中心に据える」という学級づくりに求められる。そのた

めに，同和教育の実践では，教師は，手間暇のかかる面倒な子どもに対して何らかの障害名や病名を安易につけて結果的に学級から排除しようとする最近の傾向とは対照的に，「しんどい子」を包含した学級の共生的・共同体的な集団づくりを重視することになる。それによって，結果的に，道徳教育でいうところの「道徳的雰囲気」の醸成が図られるとともに，日常的な道徳的実践の場が学校生活のなかにつくられることになる。

ところが，現在，西日本だけでなく全国的に，同和教育が国際的な流れの人権教育に収斂される傾向にある。しかし，同和教育は，日本独自の地域性や集団性の文化にかかわる側面を強く有している点で，グローバル的で個人還元的な傾向の強い人権教育には還元しきれない特質を一部有している。特に，「豊かな心を育てる」に矮小化したような人権教育は，社会的な差別を克服しようとする同和教育とは，根本的に異なるものである。そのような人権教育は，本来的な同和教育の視点から見れば，「融和主義」に沿った「融和教育」とみなされてしまうのである。したがって，同和教育と人権教育のあいだには多くの共通点が見られるが，そのような差異も踏まえながら，私たちは全国的・国際的な広がっている人権教育を見ていかなければならないであろう。

周知のように，国連は，全世界における人権保障の実現のためには人権教育の充実が不可欠であるとみなし，「人権教育のための国連10年」（1995～2004年）を実施した。また，2004（平成16）年には国連総会が，全世界的規模で人権教育の推進を徹底させるための「人権教育のための世界計画」を2005（平成17）年に開始する宣言を採択している。同年7月には，その具体的内容を定めた「行動計画改定案」（わが国は共同提案国）が国連総会において採択されている。

こうした人権教育の国際的潮流のなかで，わが国も人権教育の推進に努力してきた。たとえば，2002（平成14）年の「人権教育・啓発のための基本計画」の閣議決定，文部科学省における2003（平成15）年の「人権教育の指導方法等に関する調査研究会議」（座長：福田弘）の設置などである。特に，その調査研究会議では，いくつかの中間的な取りまとめがこれまでに公表されてきた。

「第三次とりまとめ」（2008年3月）によれば，人権教育は，「自他の人権の実

現と擁護のために必要な資質や能力を育成し，発展させることを目指す総合的な教育」とされ，その究極的な目標を「自分の人権を守り，他者の人権を守るための実践行動」の実現に置いている。このような実践行動を生み出すには，「自分の人権を守り，他者の人権を守ろうとする意識・意欲・態度」の育成が必要であろう。こうした意識・意欲・態度は，「人権に関する知的理解」の深化と「人権感覚」の育成とが相補的・総合的に進展するときに，子どもの内面に生まれ，育つと期待されている。また，この「人権感覚」が健全に働くときに，自他の人権が尊重される「妥当性」を肯定し，逆にそれが侵害されることの「問題性」を認識して，人権侵害を解決せずにはいられないとする，いわゆる人権意識が芽生えてくる。つまり，価値志向的な「人権感覚」が知的認識とも結びついて，問題情況を変えようとする人権意識または意欲や態度になり，自分の人権とともに他者の人権を守るような実践行動に連なると考えられている。

こうした価値・態度および技能は，単に言葉で説明して教えるというような指導方法によっては，とても育成できない。むしろ子どもが自らの経験を通してはじめて学習できるものである。つまり，子どもが自ら主体的に，しかも学級の他の子どもたちとともに学習活動に参加し，協力的に活動し，体験することを通してはじめて身につくといえよう。そのためには，自分で「感じ，考え，行動する」という主体的・実践的な学習の場が必要である。したがって，人権教育の指導方法の基本として，子どもの「協力」，「参加」，「体験」を中核に置くことが重要視され，いわゆる参加体験型学習が求められるのである。

もちろん，参加体験型学習に見られるような体験的学習は，今日では広く実践されるようになったが，そこでは，「体験すること」は，それ自体が目的なのではなく，いくつかの段階からなる学習サイクルのなかに位置づけられるべきものである。具体的にいうと，個々の学習者における自己体験などから，他の学習者との協同作業としての「話し合い」，「反省」，「現実生活と関連させた思考」の段階を経て，それぞれの「自己の行動や態度への適用」へと進んでいくことが重要とされている。

しかし，福田弘もいうように，人権教育の成否を決するのは，そのような教育内容や指導方法の工夫だけではない。教育全般についても当てはまるが，同和教育の場合と同様に，学校や学級という学習の場のあり方や雰囲気の質が決定的な意味をもつのである。したがって，人権教育においては，学校や学級，家庭や地域社会そのものを，人権尊重が具体的に実現されているような場に変えることが大切である。つまり，「隠れたカリキュラム」が重要になる。特に，子どもの「人権感覚」の育成には，体系的に整備された正規の教育課程と並び，いわゆる「隠れたカリキュラム」が考慮されねばならないのである。

以上見てきた人権教育の理論と実践のなかには，わが国の道徳教育の再構築にとって有益な示唆が包含されている。その主なものとして，次の3点があげられる。

第1に，人権教育の根底には，「侵すことのできない永久の権利」としての基本的人権が尊重されているところである。つまり，そこには，「人間尊重の精神」が見られる。最近の道徳教育では，「道徳教育の充実」という言葉の下に，多種多様な諸要求が盛り込まれるようになり，結果的に根本的な部分がなおざりになりがちである。周知のように，学習指導要領の総則に「道徳教育は，教育基本法及び学校教育法に定められた教育の根本精神に基づき，人間尊重の精神と……」と記述されているが，得てして新しく盛り込まれた用語だけが注目され，「人間尊重の精神」という道徳教育にとっての根本的な言葉とその意味が忘れられがちである。そのような状況に対して，人権教育は，道徳教育の初心を想起させてくれる点で，大いに参考になる。

第2に，人権教育では，「人権感覚」という「感覚」の育成が重要視されているところである。さらにいえば，価値志向的な「感覚」が知的認識とも結びついて，問題状況を変えようとする意識になるという発想は，これまでの道徳教育にはあまり見られなかった。道徳教育では，従来から判で押したように，求められる道徳性の内容としては，「心情」，「判断力」，「実践意欲と態度」が個別にあげられ，内面化という心理学的に見れば「動機づけ」に相当するものに重きが置かれ続けてきた。このような道徳教育の停滞した状況を改善するた

めに，人権教育の発想は，一考に値するものである。

　第3に，人権教育では，総合的な教育や参加体験型学習や「隠れたカリキュラム」が考慮されているところである。もちろん，道徳教育でも，学習指導要領の総則に，「学校における道徳教育は，道徳の時間を要として学校の教育活動全体を通じて行う」という記述が見られるが，現実の教育現場では，道徳教育は，正規の教育課程に属する「道徳の時間」と同一視される傾向にある。つまり，「道徳教育の充実」は，「道徳の時間の充実」とほとんど同じような意味になりがちである。この点については次節で詳しく論じるが，特に，新しい学習指導要領では「要」という言葉によって，そうした傾向はいっそう強まっている。したがって，人間の根幹にかかわる道徳教育には，人権教育と同様に，「総合」，「参加」，「体験」，「隠れたカリキュラム」という視点が欠落されてはならないであろう。その意味でも，人権教育の実践は，道徳教育界を覆いがちな偏狭な傾向に，警鐘を鳴らしているといえよう。

　今後，人権教育を道徳教育のなかに位置づける研究と実践が待たれるところである。ただし，いうまでもないことであるが，自分の人権だけを尊重するような人権教育は，未熟な自我の肥大化につながる心理主義と同様に，否定されるべきものである。

4　シティズンシップ教育による道徳教育

　1990年代以降，グローバル化の進展，環境問題をはじめとした地球的問題の深刻化，社会の多様化に伴う共同体意識や公共規範の低下などの国際的な問題状況にあって，従来的な「国民」の育成や「公民」の育成ではない，シティズンシップ（citizenship）の育成が世界規模で推進されるようになった。しかし，シティズンシップ教育といっても，その国や地域，あるいはその関係組織の特徴がそれぞれ異なっているために，その意味する内容も決して同じではない。たとえば，イギリスでは，2002年よりシティズンシップ教育は中等教育段階（第7学年）から必修教科となっている。ドイツでは，シティズンシップ教育は，「民主主義の学習」として，主に政治教育に重点を置く社会科学諸科目のなかで扱

われている。また，ユネスコでは，シティズンシップ教育は，人権教育と相補的に扱われている。それに対し，わが国では，経済産業省が2005（平成17）年に「シティズンシップ教育と経済社会での人々の活躍についての研究会」を発足し，その翌年の2006（平成18）年4月に，『シティズンシップ教育宣言』を発表している関係で，シティズンシップ教育は，新自由主義的な経済的文脈でとらえられている。そのために，「自己責任」をもって競争社会を生き抜ける資質が強く求められている。したがって，シティズンシップ教育という言葉は，とても一義的に規定されうるものではないが，ここではとりあえず，市民性を育てる教育という意味で大きくとらえておくことにする。

　わが国では，シティズンシップ教育に関連する先駆的な実践としては，お茶の水女子大学附属小学校の「市民」と品川区の「市民科」があげられる。前者の「市民」は，「社会の変化を創造する力」の育成を目標とした学習分野である。それに対し，後者の「市民科」は，生活経験や社会体験の少ない子どもに道徳的価値・判断基準を問うような従来の道徳教育の限界を意識しながら，「教養あるよき市民としての資質や能力を育む」ことを目的とした教科である。ここでは，後者の「市民科」について少し詳しく見てみよう。

　周知のように，品川区は，2003（平成15）年に構造改革特区の小中一貫教育特区に指定され，2006（平成18）年4月より小中一貫教育を開始した。「市民科」は，小学校の1年生から9年間にわたって実施される新教科であり，従来の「道徳」「特別活動」「総合的な学習の時間」を有機的に統合させたものである。そこでは，市民性の育成のために，9年間が四つに区切られ（1・2年生，3・4年生，5・6・7年生，8・9年生），7資質（主体性，積極性，適応性，公徳性，論理性，実効性，創造性）と5領域（自己管理，人間関係形成，自治的活動，文化創造，将来設計），15能力（自己管理，生活適応，責任遂行，集団適応，自他理解，コミュニケーション，自治的活動，道徳実践，社会的判断・行動，文化活動，企画・表現，自己修養，社会的役割遂行，社会認識，将来志向）が設定されるかたちでカリキュラムが構造化された。それによって，各教科などで学ぶ知識や技能が有機的に関連されながら，そうした資質や能力が育まれ，社会生活を営む上での実

践的な学習が展開されるという。

したがって，市民性の育成をめざす「市民科」では，道徳教育に関していえば，現実社会とつながった道徳性の育成が求められることになる。そこには，道徳性は，「訓練と実践と習慣において獲得するものであり，読み物や話合いは，知識はもてるが意識並びに行動様式は形成されない」[17]，という信念が垣間見られる。このような道徳教育の発想は，心理主義化の影響によって個人主義的な傾向（ミーイズム）とバーチャルな世界に陥らせがちな現代の道徳教育の趨勢に対して，大いなる反省を迫っているといえよう。その意味で，「市民科」の構想は，道徳教育のあり方のみならず，「道徳」「特別活動」「総合的な学習の時間」というかたちで分散している現在のカリキュラムの有り様についても，大きな問題提起をしているのである。

ただし，「方法に万能はない」のであって，このような品川区の「市民科」が，決して万能な教科領域ではない。たとえば，「市民科」では，社会的に有為な人材の効果的育成という実学的な傾向が強いが，はたして初等教育段階から，そこまでそうした傾向を強めることが子どもの成長にとって本当に望ましいものであるのか，再吟味が必要であろう。

第4章　道徳教育の再構築に向けての提案

1　「道徳の時間」の呪縛からの脱却

周知のように，1958（昭和33）年，第二次世界大戦前の道徳教育と第二次世界大戦直後の道徳教育の反省の上に立って，わが国では，「道徳の時間」が全面主義的道徳教育の基本原理を変えないかたちでカリキュラムに組み込まれた。このようなわが国の道徳教育の枠組みは，基本的には現在まで継承されているが，これまで，あるいは現時点においても，さまざまな変更が紆余曲折を経ながら続けられている。批判を恐れずにいえば，「道徳の時間」に対して批判的な立場の教育関係者は，一般に「学校の教育活動全体を通じて」という全面主義的道徳教育の正当性を強調してきた。また，道徳教育や「道徳の時間」にあ

まり関心を示さない人たちも，そうした全面主義的道徳教育の正当性を傘にしながら，「道徳の時間」の工夫を怠り，熱心に取り組まない傾向にあった。それに対抗する人たちは，特設した「道徳の時間」を拠り所に，学校における道徳教育の実践を推進しようとした。そこには，特に生活指導による道徳教育の可能性を根拠に，「道徳の時間」の特設に反対する人たちに対抗する方略として，その特設の意義を強調したいという行政側の事情も垣間見られた。そのために，現在までのプロセスにおいて，文部省（現文部科学省）は，道徳資料の作成や，最近で言えば『心のノート』の作成と配布をはじめ，さまざまな振興策や指導・助言に努力を重ねてきたのである。そうした経緯もあって，つねに「道徳の時間」の特設に固守した改善が行われてきた。2008（平成20）年に告示された学習指導要領を見ると，その姿勢はより顕著に貫かれている。たとえば，小学校学習指導要領の第1章総則の2において，道徳教育は次のように記されている。

　　「学校における道徳教育は，道徳の時間を要として学校の教育活動全体
　　を通じて行うものであり，道徳の時間はもとより，各教科，外国語活動，
　　総合的な学習の時間及び特別活動のそれぞれの特質に応じて，児童の発達
　　の段階を考慮して，適切な指導を行わなければならない。」

1998（平成10）年に告示された学習指導要領では，「学校における道徳教育は，学校の教育活動全体を通じて行うものであり，道徳の時間をはじめとして……」と記されていたが，新しい学習指導要領では，「学校における道徳教育は，道徳の時間を要として学校の教育活動全体を通じて行うものであり，……」と記された。つまり，「要」という言葉を用いることによって，「道徳の時間」の，道徳教育における中核的な役割や性格がより強調されたのである。また，その結果として，「学校の教育活動全体を通じて行う」という戦後の道徳教育の基本原理である表現が，「道徳の時間」という言葉よりも後置されることになり，相対的に弱まることになった。この文言の変更によって，一方が強まれば，他方が相対的に弱まるというのは，至極当然のことである。その意味では，このような学習指導要領の改訂にともなう変更の目的は，「道徳の時間」を学校の道徳教育の中心により強固に位置づけ，そこでの指導によって学校全体におけ

る道徳教育の充実を図ろうとするものである。

　もちろん,「道徳の時間」がカリキュラムにおいて道徳教育の中心的な位置を占めるという点に関しては,多くの教育関係者も異論のないところであろう。それゆえ,「道徳の時間」の改善が強調されることは,決して誤りではない。しかし,道徳教育の充実のために,「道徳の時間」だけが注目され,道徳教育の改善が「道徳の時間」の改善と同一視されると,それはそれで新たなマイナス効果を生み出し,新たな問題性を出現させることになる。

　理想論からいうと,道徳教育は,学校だけではなく,まず家庭において,続いて地域社会において自然に行われるべきものである。新学習指導要領でも,道徳教育にかかわって,教育基本法の改正を受けるかたちで,伝統や文化の尊重が力説されているが,子どもが伝統や文化に最初に触れるのは家庭,そして地域である。したがって,その点については,まず家庭教育が,続いて地域が担うべきである。また,新学習指導要領で強調されている郷土愛も,元来は学校ではなく主に地域社会で醸成されるべきである。ところが,現在のわが国においては,残念ながら家庭や地域の教育力はとても十分なものではないために,子どもの人間的な成長が保障されない。そうした問題に応えるために,学校における道徳教育は,相対的に強化されざるをえないのであろう。

　このように見てくると,道徳教育は,実際には,家庭でも,地域社会でも,さらには学校でも可能であることに気づかされる。つまり,道徳教育は,さまざまなところで行われる訓育機能である。すなわち,道徳教育という言葉は,本来的に機能概念であって,領域概念ではない。それに対して,「道徳の時間」という言葉は,カリキュラムないしは時間割上の領域概念である。したがって,機能としての道徳教育と,領域としての「道徳の時間」とは,根本的に異なる概念である。その意味で,道徳教育と「道徳の時間」とは明確に区別されなければならない。道徳教育と「道徳の時間」との同一視や混同は,理論的にも誤謬であると同時に,機能としての道徳教育を「道徳の時間」としてきわめて矮小化してとらえ,「学校の教育活動全体を通じて行う」という戦後の道徳教育の基本原理を疎んじる点で,大きな問題性を生じさせてしまう。そのようにな

らないために，訓育機能としての道徳教育は，「道徳の時間」の領域に決して閉じ込めるべきではないのである。

　確かに，本書のまえがきで記したように，「道徳の時間」は過去に混乱を押し切るかたちで誕生したという辛い歴史があっただけに，道徳教育の専門家と呼ばれる人たちのなかには，「道徳の時間」の重要性を何としても強調したい人たちが少なくなかった。そうした人たちは，得てして過去のトラウマ体験に取り憑かれたように，道徳的価値の含む資料を使うかどうかで，道徳教育と生活指導・生徒指導との差異化を図りながら，「道徳の時間」の独自性を主張したがる傾向にある。そこには，学校における道徳教育それ自体よりも，「道徳の時間」だけを守りたいとしか思えないような，きわめて歪められた姿勢もしばしば垣間見られる。

　現在，「道徳の時間」の特設から50年以上も経過し，一部のイデオロギー的な批判はあるものの，その授業は確実にカリキュラムに定着しており，「道徳の時間」のトラウマ的な呪縛から脱却した，新たな道徳教育に向けての授業の構築が求められるべきであろう。そのためには，発想の大転換が必要である。

　具体的にいえば，過去の50年間にわたる実りの少ない方策から脱却する意味で，いったん，学校における道徳教育の機能を「道徳の時間」の領域に限定することなく，「学校の教育活動全体を通じて行う」という道徳教育の基本原理に則りながら，むしろこれまで50年以上，あまり行われてこなかった「道徳の時間」以外の領域のところで展開するさまざまな実践が，積極的に研究されるべきであろう。そうした研究によって，「道徳の時間」以外の領域において育成される道徳性の内容が明確になる。そこから，これからの「持続可能な社会」に参画できる人間に必要な道徳性の内容のうち，そこで何が育成されるのか，が解明される。その結果，そこですべての必要な道徳性の内容が育成されてしまうのならば，「道徳の時間」は廃止されるべきものになる。

　しかし，決してそのような結論は生じないであろう。つまり，中核になるような時間のない道徳教育は，世界的に見ても考えられないからである。欧米に目をやってみると，アメリカにおける社会科や公民科を通じての市民的資質の

育成という意味での公民教育，あるいはフランスにおける世俗的な道徳教育としての道徳的公民教育を除いてほとんどの国や地域では，宗教科の授業が道徳教育の大きな中核となっている。もちろん，ドイツの一部の州において宗教科の代替として「倫理に相当する科目」の授業が行われていたり，イギリスでは宗教から脱却した道徳教育を求めてライフ・ライン計画が1970年代に進められたりしたが，基本的には，今でも宗教科の授業が道徳教育の大きな中核となっている。また，中東諸国については，宗教科の重要性は言をまたない。つまり，世界的には，宗教科を中核に据えているように，何らかの領域を中核に据えた道徳教育が実践されている。

したがって，現在のわが国でも，戦前に修身科の授業がそうであったように，何らかの領域の授業が道徳教育の中心に置かれてしかるべきである。その授業のなかで特にわが国の市民として育成されるべき道徳性が明確にされたうえで，その授業との関連でそれ以外の領域における道徳教育の在り方が導かれることになる。そのような学校のカリキュラム全体を包み込むようなかたちで，道徳教育の中核となる授業の改革が考えられることなく，現在のように，一領域の「道徳の時間」にだけ個別に執着されていても，学校における道徳教育の発展はまったく望めないであろう。

このような課題意識から，新たなよりよい道徳教育のあり方を構想するために，特に「道徳の時間」にかかわる問題点を，2008（平成20）年版の学習指導要領から敢えて洗い出してみると，次の3点をあげることができよう。

第1に，「要」という言葉が「道徳の時間」とのかかわりで新しく加えられ，異常なほど強調されていることである。

従来の学習指導要領の「第1章　総則」では，わが国の道徳教育の基本方針は，「学校における道徳教育は，学校の教育活動全体を通じて行う」と記され，いわゆる「全面主義的道徳教育」を標榜するものであった。ところが，新学習指導要領では，「道徳の時間を要として」という文言が，「学校における道徳教育は，道徳の時間を要として学校の教育活動全体を通じて行う」という「全面主義的道徳教育」の基本方針の文章の前に記された。この修正が，「道徳の時

間」の重要性を強調したいという意味なのか，あるいは「道徳の時間」を「学校の教育活動全体を通じて行う」ことよりも優先したいという意味なのか，についてはよくわからないが，いずれの解釈をしても，機能としての道徳教育よりも領域としての「道徳の時間」に執着していることは明らかである。この姿勢の是非については，根本的な検討が必要である。特に，修正の意図が後者のような意味とするならば，その実践的な姿勢は，「道徳の時間」を「修身科」と読み替えると，領域としての授業に異常に執着している点で，実質的に戦前の道徳教育への先祖返りに近いものになってしまうのである。

　第2に，「生き方についての考え」という文言が小学校における道徳教育の目標に加えられたことである。

　新学習指導要領の「第1章　総則」では，道徳教育の目標に関しては，基本的には大きな変更点はないが，教育基本法の改正の影響を受けて，「伝統と文化」を尊重することや，「我が国と郷土」を愛することや，「公共の精神」を尊ぶことなどが新たに強調されるようになった。また，小学校および中学校の学習指導要領の「第3章　道徳」では，それらの強調された文言は，道徳教育の内容のところに反映され，道徳教育の目標のところでは，小学校の学習指導要領において，「自己の生き方についての考え」という文言が新しく加えられた。つまり，中学校の学習指導要領における「人間としての生き方についての自覚」の記述に対応するかたちで，小学校でも「自己の生き方についての考え」という記述が出現したのである。

　こうした記述によって，結果として，中学校や高等学校の段階からではなく，小学校の段階から道徳教育とキャリア教育との連携が求められるようになった。キャリア教育につなげるような配慮は，一面では心理主義に偏りがちな道徳教育の情況にあって，現実を見つめさせる点できわめて望ましことである。しかし，他面では，たとえば小学生低学年のような幼少の段階から，「自己の生き方」について子どもに考えを深めさせようとするのは，発達段階から見てもあまりにも早過ぎるのではないか。また，後述することになるが，多くの子どもにとって達成不可能な文言，たとえば「自己の生き方についての考え」を深め

るような文言を目標としてかかげること，つまり高尚な願いや意図のようなものを目指すべき指標としてかかげることは，今日のように計画・実施・評価というシステマチックの実践を指向しがちな教育現場にとって無意味であると同時に，永遠に達成できないような目標に向けてのループを無邪気な年少時代から子どもは歩まされ，結果的に達成感とは反対の徒労感や挫折感から来る悩みを味わわされることになる点で，きわめて有害ですらある。

　第3に，道徳的価値に相当する道徳の内容項目の区分が，1989（平成元）年版のときに採用された四つの視点から整理され続けていることである。

　既述したように，小学校および中学校の新学習指導要領の「第3章　道徳」では，あいかわらず，そこでの道徳の内容項目は，1958（昭和33）年版の時のように具体化した四つの目標に応じた区分ではなく，目標と何ら関係のない唐突に登場した四つの視点を指標として区分されている。この視点は，確かに内容項目のわかりやすい区分の仕方を提示することにつながったが，その反面，第2節において指摘したように，内容項目として示された道徳的価値を歪めてしまうという問題点を引き起こしてしまっているのである。

　それに加えて，さらにその問題点についていうと，その四つの視点は，すべて「私」個人の目線から世界を捉えようとしている。別な言い方をすれば，四つの視点に対して，主語を考えると，それはすべて「私」である，というような表現が見て取れる。そこには，つねに「私」が中心という，自己中心性，さらにいえば，自己崇拝的なもの，ないしは利己主義的なものが強くにじみ出ている。特に，最初の区分として「主として自分自身に関すること」という視点が打ち出されることによって，現実に生活や社会などと有機的につながった人間の道徳的価値が，まず無機的なかたちで個々人のものに限定的に分割されたうえで，残ったものが机上で次々と他の三つの区分に分割されて提示されることになる。もちろんそのような区分でも支障のない道徳的価値もあるけれども，既述したように，一つの区分に収まりきれない重要な道徳的価値の内容項目が，道徳的に意味のない区分の割り振りのために修正・削除されたりしているということも事実である。つまり，方法の目的化という誤りが，実生活に有益な道

徳的価値をゆがめているのである。

　したがって，まず四つの区分が金科玉条のごとく受け取られるのではなく，わが国の子どもの社会生活に有益な個々の内容項目が，次回の改訂の際に道徳教育の再構築のために考えられるべきであろう。そこに，心理主義化された道徳教育からの脱却の一つの大きな糸口も見出されるのである。

　以上述べてきたことからも明らかなように，現状の「道徳の時間」の有り様は，あまりにも過去の道徳教育の呪縛や現在のしがらみ的なものに巻き込まれてしまっている。そのうえ，「道徳の時間」の特設から50年以上も経過しているにもかかわらず，大きなその効果が確認されないのであるから，学習指導要領における昨今の加筆修正のような対症療法的対策ではなく，人間形成および学校教育全体からの視野から，わが国の道徳教育ないしは「道徳の時間」それ自体の抜本的な改革が，検討されるべきではないだろうか。

2　道徳教育に対する意識改革

　本章のこれまでの論述から察せられるように，筆者自身は，現在の道徳教育を改善するには，過去のしがらみを断ち切った抜本的な改革が必要であると主張したい。特に最近では，心理主義への依存，および「道徳の時間」への執着という意識からの脱却が重要な鍵を握っていると考えている。

　まず心理主義への依存からの脱却についていうと，本章においてすでに指摘したように，早急にその問題性が教育現場で自覚されるべきである。近年の歴史を振り返って想像するに，道徳教育の主導的な立場にいた善良な関係者たちは，困難な課題に日々の弛まぬ努力を積み重ねてきたにもかかわらず，いわゆる保守的な層からの突き上げと，いわゆる進歩的な層からの批判を受けながら，目に見えた成果を出せないで困惑していた。そのときに，そうした関係者たちは，「おぼれる者はわらをもつかむ」という諺のように，高まりつつあった「心の教育」の時流のなかで，甘い誘いに思わず乗ってしまったのではないだろうか。その時流に乗った象徴的な産物が，『心のノート』である。その点については，『道徳のノート』というような正々堂々した名称を使用せずに，『心のノ

ート』という姑息な名称を使用したところが、顕著にそれを裏づけている。

　既述したように、その内容にも、心理主義の影響が色濃く出ており、このまま放置されるなら、現実の社会生活を営むための道徳教育にとって、大きな問題が生じてしまう。もちろん、『心のノート』の内容や方法がすべて否定されるべきものではないが、原点に立ち戻って人間をポリス的動物として再確認するならば、道徳教育に深く浸透している私事的な心理主義の危険性がもっと教育関係者および教育機関のなかで自覚されなければならないだろう。少なくとも、「道徳の時間」の特設に尽力していた頃には、心理主義の危険性は、言葉に出さなくても道徳教育の主導的な立場にいた関係者たちの間では共通理解されていた。さらにいえば、そのような共通理解がむしろあったからこそ、「道徳の時間」の特設が主張されたと考えられるのである。たとえば、1957（昭和32）年から文部省（現文部科学省）内の「教材等調査研究道徳小委員会」の委員として「道徳の時間」の特設を推し進め、日本道徳教育学会および日本倫理学会の会長を務めた勝部真長は、「戦後の新教育の特色は、心理主義という点にある」[18]とみなし、次のように戦後の新教育の情況を嘆いていた。

　　「新教育では、『教育学イコール心理学』であるかのごとき観を呈した。教育学とは、実は児童心理学や発達心理学や教育心理学や学習心理学をその主な内容とするかのようにみえた。実際、教育学の領域から心理学の要素を抜き去ったら、あとに何が残るのか。あとはカラッポになりはしないか、と思われる位であった。」[19]

　そのうえで、勝部は、理論を受け入れる側のわが国の問題点に気づきながら、次のように続けて言っている。

　　「戦後の新教育はアメリカの教育理論を十分に消化しきれずに終った。ただ心理学的な部分だけは、分りやすく、入りやすく、取っつきやすかったために、主として心理学を中心とする教育理論や教育方法が、紹介され、興味をもたれ、吸収されていったのである。そこに新教育の心理主義とよばれる傾向が生れた。この傾向は、ジャーナリズムにも同様にみられる所であって、何か社会に事件が起れば、新聞やラジオは、すぐに心理学者の

意見をきき，その社会心理学の分析による解釈や説明を，事件の報道にそえて紹介するのを常例としてきた。」[20]

このような勝部真長の主張は，まるで50年後の現在にも当てはまるような指摘であり，わが国の教育が心理主義に陥る原因をみごとに言いえている。さらに，勝部は続けて，道徳教育にかかわった心理主義の問題性を次のように述べている。少し引用が長くなるが，この部分は，道徳教育の現状にとってきわめて重要なところであると考えられるので，敢えてそのまま引用する。

「一体，人間がいちばん求めていることは，いつの世にも，『人生いかに生くべきか』であり，『われら何をなすべきか』という問いに対する答えなのである。教育の問題も，根本は，ここにある。そこで戦後の新教育においても，人は心理主義の考えの中に，その答えを探した。しかし心理学は，人間の心理の事実はかくかくであると，心の葛藤や仕組みを解きほぐして説明してくれるけれども，そこから直ちに『人生いかに生くべきか』や『われら何をなすべきか』は出てこない。いいかえれば，心理から直ちに倫理はでてこない。『かくある』という心理の事実から，直ちに『かくなすべし』という当為や命令はでてこない。もし心理学者がなにか『かくなすべし』といった行為の規準や生活の指針を与えているとすれば，それは心理の事実の説明以外に，心理とは別な他の要素，その心理学者自身の哲学とか人生観とか，あるいはたんなる常識とかによる判断や推理をつけ加えて，いっているのであって，心理から直ちに倫理をひき出すのは，論理的に飛躍していることなのである。」[21]

このように，勝部は，およそ50年も前に心理主義の危険性をみごとに見抜いていた。それにもかかわらず，最近の道徳教育の主導的な立場にいる多くの関係者たちは，「道徳の時間」のいわば生みの親とも呼ぶべき勝部の思いや主張を忘却の彼方に置いたうえで，心理主義の問題性に気づくことなく，たとえば臨床心理学から提示されたマズロー（Abraham Harold Maslow）の「自己実現」のような概念を絶対化してしまっている。そこでは，「自己実現」という言葉は，青少年の成長の過程ではなく，すぐれた老齢者の最終状態の存在を示す概念で

ある，ということが見過ごされている。マズローは，「自己実現」を果たしたと思われる実在の人物，たとえば，ジェファーソン（Thomas Jefferson）やゲーテ（Johann Wolfgang von Goethe）やワシントン（George Washington）などの分析を通して「自己実現」の特徴を帰納法的に導き出し，過去に現在の姿のイメージを映し出したに過ぎないのである。したがって，そのような概念をすべての子どもに対しての唯一の指標として，現在のなかに将来の可能性を見ようとすることは，きわめて危うい心理主義の方法である。とりわけ，マズローをはじめ，フロイト（Sigmund Freud），エリクソン（Milton H. Erickson），ブーバー（Martin Buber），フランクル（Viktor Emil Frankl）などのユダヤ系の人たちによって導き出された人間観（自己愛やアイデンティティなどの強調）は，人間に対する深い苦悩の思索によるすぐれた学術的成果であるために，人間の生き方やあり方を考えるうえで，歴史や文化の異なる人々にとっても大いに参考になるものであるが，比較的穏やかな温帯モンスーン気候の島国のなかで，共同体的に互いに助け合いながら共生共存を基本的にめざしてきたといえる，長い固有な歴史や文化の風土を有する日本人にとって，唯一絶対的な指標として受容すべきものではないであろう。できるだけ早く，わが国の文化や風土にふさわしい現実の社会生活を営むための道徳教育を構築するために，外国の借り物の人間観を唯一的な指標とした，心理主義化された道徳教育の方法からの脱却が強く求められるのではないだろうか。

　次に「道徳の時間」への執着についていうと，領域としての「道徳の時間」の存在よりも，機能としての道徳教育にもっと重きが置かれるべきであろう。いうまでもなく，道徳教育があっての「道徳の時間」である。したがって，道徳教育の機能が発揮されない「道徳の時間」は，学校のカリキュラムから退場されるべきものである。その意味からいえば，「道徳の時間」の重要性を主張する人たちは，学校教育における自分たちの立ち位置を相対的に眺めるべきであろう。そうした省察が道徳教育の推進者自身でなされず，「道徳の時間」の重要性だけが声高に叫ばれているだけでは，一般の教育関係者からの賛同は本音の部分で得られないどころか，道徳教育の反対者からの批判に対しても，批

判を防御するだけの場当たり的な反論になってしまい，正当な反論ができなくなってしまう。それによって，「道徳の時間」のみならず，学校における訓育機能としての道徳教育も，歪められ，結果的に弱体化してしまうであろう。

　本来的にいえば，「道徳の時間」は道徳教育のための一つの方法であって，決して目的ではない。それにもかかわらず現状の雰囲気は，まさに方法が目的にすり替わっている状態である。たとえば，道徳教育を推進しようとする専門家たちは，年間を通じての「道徳の時間」の確保，そしてそのための年間指導計画の必要性を声高に叫んでいる。このような規制的な発言がつねに必要であること自体，「道徳の時間」が，道徳教育の関係者を除けば，教師にとっても子どもにとってもあまり大切に感じられていない証拠である。そのような情況において，道徳的なきれいごとが教えられても，教える側も楽しくないし，教わる側もつまらないであろう。何よりも，「道徳の時間」において，授業を楽しく感じられない教師と子どもが，そしてきれいごとの資料やパフォーマンス的なコミュニケーションによって道徳的な欺瞞の雰囲気が，生み出されるだけである。

　こうした問題情況を打ち破るために，しばしば教える側の教師が，道徳教育の目標や内容よりもその方法や技法に逃げてしまい，子どもにとって活発そうに感じられる楽しい方法を採用しようとする傾向にある。もちろん授業を楽しくすることは，子どもの教育にとって重要な要素の一つであるから，そのような工夫は決して悪いことではない。しかし，十分な吟味検討がなされなかったために，「分りやすく，入りやすく，取っ付きやすかった」心理主義的な部分だけが，道徳教育の目的や内容，さらには子どもの発達段階や特性とは無関係に方法として採用されがちであった。たとえば，授業のなかで討議だけが楽しく行われればよいとか，授業のなかで楽しめる構成的グループ・エンカウンターの技法が活用されればよいなどという方法主義的なものである。もちろん，そうした方法も決して全面否定されるべきではないが，道徳教育の目的や内容と関係なく，現在の「道徳の時間」のなかで楽しさだけを求めているかぎりは，その方法は心理学の領域から借りてきた一時しのぎの対症療法に過ぎず，子ど

ものそのときの内面的な気分や気持ちを巧みに操っているだけである。

　このように，心の内面化にこだわり過ぎて，しばしば心理主義の方法に執着してしまう理由としては，社会や道徳の価値的内容に関しての共通理解を得にくいなどのさまざまな要因があげられるが，そのなかでも理論的にいえば，わが国における道徳性のとらえ方が大きな要因になっていると考えられる。つまり，道徳性研究に際しては，道徳性は，内面的自覚としてとらえるか，または道徳意識と道徳的行動を統合したものとしてとらえるかによって，二つの異なった考え方が存在しているが，わが国の学習指導要領では，前者の考え方が一貫して支持されているために，どうしても内向きな内面化が促進されがちである。そのために，わが国の道徳教育には，従来からの読み物資料による心情主義的な方法，そして最近の心理主義的な方法が，目的や内容と関係なく入り込みやすいのである。それゆえ，道徳教育の際に，目的と内容と方法の有機的なつながりや，感覚から意識を経て行動に移すという，内面と外面とを統合した人間的特性への配慮が軽視されがちである。その結果，ある事態に対して感じられても，正しく判断でき，行動できるような人間的特性が開発されないままになりがちである。その意味では，これからの新しい道徳教育を構想するためには，目的や内容とは無関係に，たとえば「思いやり」というような気持ちだけを単独に深化させようとするのではなく，道徳教育の目的と内容と方法，そして感じることと判断することと行動することを統合的に結びつけるような道徳教育がとりわけ重要になるのではないか。

　したがって，道徳教育の目的と内容と方法が分かちがたく結びつき，道徳教育それ自身の学びに子どもの好奇心が刺激されるような授業が，学校全体のカリキュラムとのかかわりにおいて，新しく構想されてよいのではないか。もしそのような授業が展開されるなら，教える側も教えられる側も楽しく感じるだけでなく，指導計画や授業回数によって縛られなくても，教える側も教えられる側もその授業の実施を心待ちにするはずである。なぜなら，道徳に関する授業は，他のいかなる教科のものより，一見扱いづらいが，人間の生き方を根本的に問う点で，はるかに内容的に深みのある特質を有している，と考えられる

からである。

3　道徳教育の中核としての「日本文化の時間」の創設

　戦前のわが国では，周知のように，修身科の授業が道徳教育の大きな中核となっていた。ところが，欧米に目をやると，前述したように，基本的には，今でも宗教科の授業が道徳教育の中核となっている。また，中東諸国については，道徳教育にかかわる宗教科の重要性は言を待たない。

　こうしたわが国の過去や世界の様相を眺めてみるとき，宗教科であるか否かは別として，何らかの道徳教育の核となる授業は，社会化の文化装置としての学校において必要とされている。それゆえ，複雑な時代背景があったにせよ，戦後のわが国でも，「道徳の時間」の実現は当然の帰結であろう。しかし，本章において繰り返し論じたように，さまざまな過去からの経緯もあって，「道徳の時間」の実情は，残念ながらうまく機能しているとはいえない。たとえ副教材の工夫や心理主義的な手法の導入がなされても，それらは対症療法の域を出るものではなく，道徳教育にとって大きな効果を期待できないであろう。また，それに業を煮やした人たちの層からは，「道徳の時間」から道徳科への変更，さらには徳目主義の強化などが叫ばれたりするが，そのような「先祖返り」的な方法もまた大きな成果を生むことはないであろう。なぜならば，副読本の内容が象徴しているように，それらの方策は学校教育のカリキュラム全体から，あるいは現実社会から見て乖離してしまっているからである。知識基盤社会や情報化社会にあって，しらじらしい説話やお題目は，その正体を白日の下にさらされることになり，何ら大きな成果を出しえないどころか，道徳に対する不信を子どもに助長するだけである。また，「道徳の時間」の代替としての宗教科は，ヨーロッパ諸国とは異なり，多神教的なわが国においては，公立学校の道徳教育としては文化的に相容れないであろう。

　そうした認識に基づいて，筆者は，批判を承知のうえで，現状のような心理主義を代表とした方法主義に陥るのではなく，何らかの新しい時間割上の領域になる内容をあえて提案したいと考えている。その際に，著者の道徳教育に対

するコンセプトをいえば、それは、「教育における道徳は料理の中の塩である」、ということである。人間は塩を摂取しなければ生きられないが、それだけを摂取しようとしても、辛くて食べる気にならない。また、人間は塩を量的に摂取し過ぎれば身体を悪くする。ところが、適量の塩は料理をおいしくする機能をもつと同時に、人間のいのちを支えてくれる。道徳も、これと同じようにいえる。人間は道徳を身につけなければ、単なる動物になり下がり、人間たりえないであろう。自由ヴァルドルフ学校（Freie Waldorfschulen）の創始者シュタイナー（Rudolf Steiner）も、「道徳的なものが、はじめて本質的な意味で人間を人間にする」[22]、と人間形成における道徳の重要性を強調している。しかし、道徳という単体だけが人間に植えつけられようとすると、人間は苦くて吐き気を催してしまう。そのように考えると、塩が料理のなかに適量だけ入れられ、人間がその料理をおいしく食べながら身体のために適切に塩を摂取できれば理想であるように、道徳も教育のプロセスのなかに適量だけ溶け込まれて、子どもがそのプロセスを体験しながら、知らないうちに学べばよいわけである。つまり、教師は、子どもに道徳をあまり意識させないように教えればよいのである。その点に関連しても、シュタイナーは、教師養成の講習会において、「子どもに道徳を教えようとしていることを気づかせないように、あなたたちが博物学的な授業を作りあげようと努力するときには、子どもの心のなかに、最も重要な道徳的要素を植えつけることができる」[23]、と主張している。

　そのような点からいえば、わが国のように、「道徳の時間は道徳教育の要だ」と声高に叫ぶこと自体が、すでに子どもにとって道徳の学びを妨げていることになる。そのうえ、子どもにとっては道徳を勉強しても、成績の向上にも、また入試の合否にもあまり影響はないのであるから、そのような叫びは、競争主義・成果主義の現代的情況下において教師や子どもにとっては心に響くものではないし、欺瞞にしか映らないであろう。俗な喩えでいえば、「塩では腹がいっぱいにならない」、すなわち「道徳ではメシの足しにはならない」というわけであるから、道徳の重要性が自覚されていても、道徳教育への教師や子どもの意欲も高まらないであろう。つまり、道徳教育や「道徳の時間」、そして子

どもを取り巻く状況やシステムなどについての考慮もないまま,「道徳の時間」の重要性や道徳教育の充実が個別的に叫ばれても, 教育現場における道徳教育への理解は得られないどころか, 不信が増幅されるだけである。

そのような状況に対する解決策として, もちろん, 国際的に趨勢になりつつシティズンシップ教育のような領域, つまり市民科も, 一つの選択肢としてあり得るであろう。なぜなら, そこには, 人権教育や法教育などをはじめ, 現実の社会生活を営む上で有益な内容が包含されているとともに, わが国の学習指導要領における内面的自覚としての道徳性をとらえ直そうとする発想が垣間見られるからである。とりわけ, 従来の「道徳」「特別活動」「総合的な学習の時間」を有機的に統合させた市民科は,「道徳の時間」のみに執着するのではなく, カリキュラム改革までも視野に入れて道徳教育の改善を試みようとしている点で, 注目されてよい先駆的な教育実践である。その意味で, 今後の成果を期待したいが, 現時点でその中身について詳細に見ると, わが国の品川区の市民科に顕著に現れているように, その教育実践は, あまりにも即物的な現実適応のための道徳教育に, ベルクソン（Henri-Louis Bergson）の言葉を借りれば,「閉じた道徳」の教育に偏り過ぎているように思われる。そのために, そこでは, 実用という面から見れば無駄なように思えがちな, 芸術性（美的感覚）や, 個人としての美学（精神性）のようなものが欠落してしまっている。そのような道徳教育では, 現時点から見れば, 社会への適応のための指導は可能であるが, 個人の生きがいや誇りのようなものをもち, 持続可能な社会を築くために積極的に参画していくような社会力は十分に育てられないであろう。

そこで, 提案したい授業は, 知的な座学の学習だけでなく, 活動もできるような, 2時間続きの「日本文化（日本文明）」（もちろん地方の文化も含めるが, ここでいう「日本」や「日本文化」の概念は, できるだけ幅広く柔軟にとらえる）を教える領域である。仮に「日本文化の時間」と呼ぶとすると,「日本文化の時間」では, 宗教（神話）や芸能や武道などのわが国や郷土の伝統文化をはじめ, 日本人の生活様式や日本の自然が取り上げられる。伝統文化に関しては, 歌舞伎や能や狂言などの芸能をはじめ, 武道や衣食住が, 日本人の生活様式に関して

は，幽玄やわび・さびや恥などの精神性をはじめ，祭りや年中行事や社会生活（マナーや習俗なども含まれる）が，日本の自然に関しては，気候や風土をはじめ，そこに生きる動植物が取り上げられる。心の言説に関しても，本居宣長の「真心(まごころ)」や「漢意(からごころ)」，荻生徂徠の「礼」，石田梅岩から始まる石門心学などが取り上げられる。特に，その精神性のなかには，少し大げさにいえば，現在の世界に必要な考え方，すなわち，たとえば個性と社会性，自己と他者などというような，西洋哲学の二項対立的な思考ではなく，相反を含まない統一した思考も含まれている（具体的な例でいえば，神仏習合や心身一体など）。それによって，学校のカリキュラム全体とのつながりのなかで，すなわち他の教科との知的な関係のなかで，さらにいえば教科の枠に妨げられない総合的な知のなかで，道徳が扱われることになると同時に，各教科（国語科，地歴科，公民科，理科，音楽科，家庭科，体育科など）において学ばれた内容が各教科の授業とは異なった情況下で復習的に確認されたり，あるいはさらに具体的，応用的に深められたりするであろう。そのように培われる知的能力は，従来型の学力を，OECDの提唱するような，相互作用的に道具を用いるキー・コンピテンシーにもつながるであろう。

　郷土や国を愛する心に関しても，それらは殊更に概念として語られなくても，「日本文化の時間」では自然なかたちで子どものなかに精神的文化として醸成されるはずである。むしろそうした概念やその押しつけこそが，子どもに郷土や国を愛する心を失わせてしまうだけである。

　もちろん，そこでは，わが国を殊更に美化したり自慢したりすることは，逆に卑下することと同様に，避けられなければならない。なぜならば，そのような働きかけは，従来の道徳教育資料の活用と同類になってしまうからである。また，わが国を扱う際にも，偏狭的な視点ではない，国際的な異文化理解の視点の重要性はいうまでもないことである。なぜならば，知識基盤社会や情報化社会にあっては，歪められた偏狭な知識や情報は即座に露呈してしまうからである。もしそうなれば，教えている教師やその道徳的価値の内容それ自体も軽蔑の対象になってしまうであろう。作為的なことをしなくても，学習指導要領

で提示されているような道徳的価値の内容（小学校と中学校を合わせて 80 個の内容項目は，あまりにも多過ぎる。大幅な削減が必要である）は，それでも長い歴史と伝統をもつ日本文化のなかにはほとんど包含されている，と筆者は確信している。

　もちろん，このような「日本文化の時間」に対しては，偏狭なナショナリズムを養ってしまい，グローバルな国際社会で活躍できる人間の育成につながらないのではないか，というような厳しい批判が聞こえてきそうである。しかし，これからの社会がグローバルな国際社会であるからこそ，自分たちの生まれた，あるいは育った，あるいは現在住んでいる地域や国の文化に対して，他の地域や国の人々に自慢をしたり軽蔑をしたりするのではなく，またアイデンティティ的な誇りをユダヤ系のすぐれた人たち（マズローやエリクソンなど）のように私事的な個人の内面にだけに求めるのではなく，縁あってつながっている人々と精神的文化を共有し合うことは，きわめて重要ではないだろうか。歴史を見れば明らかなように，もちろん日本文化には，否定的な側面も少なからず見受けられる。分析的・批判的思考の弱さや集団への依存性などのように，とても誇れない短所の部分も確実に存している。

　しかし，そのような否定的な部分を認めても，それに余りある長所の部分が日本文化には確実に内包されているのではないだろうか。ことに，いかなる文化の根底にも，必ず愛のような重要な道徳的価値は包含されているはずである。しかも，幸いなことに，日本文化は，流浪することを余儀なくされた民族や国民たちのものとは異なり，この地球上の温帯モンスーン地域の島国において，他国の文化を受け入れ，そして加工し，ときには新たな文化を創造しながら，長い間継承しえた独特なものである。ハンチントン（Samuel P. Huntington）が『文明の衝突』のなかで，世界の七つの文明として，日本文明を中華文明に組み入れることなく，しかも多くの国にまたがる他の文明と異なり，日本文明を唯一一国だけの文明として敢えて分類していることからも明らかなように，日本文化の独自性は十分に認められるものである[24]。したがって，日本文化をわが国における道徳教育の陶冶材として利用することは，もっと積極的に考え

られてよいはずである。なぜならば，特に日本文化には，日本人に合った道徳的要素が生きたかたちで有機的に溶け込んでおり，教師も子どももそれらの要素について誇りと好奇心をもって探し出すことができる，と考えられるからである。つまり，そうした授業では，道徳教育のために作成された白々しくてわざとらしい資料における道徳的価値の押し付けとは異なり，本物の文化のなかに重要な道徳的価値を実感する，あるいは本物の文化のなかからそれを探し出すような新しい授業の展開が期待されることになり，教師自身も知的な楽しみを味わうことができるだろう。その意味で，日本文化は，NIE でいう「なる教材」にほかならないのである。

さらに，そのような日本文化を教材にした授業によって，子どもは，戦前の修身科の教科書のように，「日本ノ国ハ，世界中デタウトイ国デアル」といわれなくても，日本文化から自然なかたちで自分たちの郷土や国に一つの誇りを静かにもつことになるだろう。それと同時に，子どもは，混迷した世界の情勢にあって，日本文化の長所を伸ばし短所を克服するというマクロコスモス的な視点を広くもちながら，個々人のミクロコスモス的な自分の生き方を探究していけるのではないか。そのためには，繰り返しになるが，その日本文化（地方の文化を含む）は，偏狭なナショナリズムではなく，国際的でかつ多文化的な視点を念頭に置きながら，中央集権的ではなく，各地方や各学校においてふさわしいかたちで取り上げられるべきである，ということはいうまでもないであろう。

もちろん，ここで構想した「日本文化の時間」は，「道徳の時間」の代替として提案されたものであるが，学校のカリキュラム改革との関連でいえば，「総合的な学習の時間」とも深く関係する事柄であり，「道徳の時間」と「総合的な学習の時間」との統合という問題にも一石を投ずるものである。つまり，道徳教育の中心となる「日本文化の時間」には，現行の「道徳の時間」の週1単位時間に，最低限「総合的学習の時間」の数単位時間がさらに加わることになる。したがって，「日本文化の時間」の構想が，徳目主義への回帰をはじめ，「道徳の時間」の偏重や心理主義の依存というような小手先の対症療法ではなく，

わが国の道徳教育を日本の精神的文化に根づいたかたちで抜本的に改善するためのきっかけになれば，正直なところ，筆者のかなりの意図は達成しえたことになる。それを契機に，教育現場から，学校全体のカリキュラムを見通したかたちで，パラダイムシフトがなされ，新たな道徳教育の具体的な改革案に向けての議論がなされることを，筆者は願うのみである。

　本来的に，教育現場で通用する理論は，教育現場にたずさわる教師自身から生まれるべきである。決して大学の研究室のなかで，そうした理論は生まれないであろうし，生まれるべきではないであろう。教師は，教育現場から乖離した大学の研究室で生まれたようなプログラムやトレーニングを，金科玉条のごとく，過剰な評価をしたり，あるいは依存をしたりすべきではないし，ましてや狂信者や執行人になってはならないであろう。特に，道徳教育に熱心な教師ほど，生真面目であるために，その傾向が強いように思われる。あくまでも，研究者の提案は，筆者のものも含めて，実践活動の質を高めるための一つの参考資料として教師に受け取られるべきである。そのうえで，教師一人ひとりが，特に高度専門職業人としての教師であろうとするならば，日々の道徳教育の実践から新しい自分なりの理論を創造し，各教育現場の授業研究会において相互に討議し合ってよりよい実践活動を展開してもらいたいものである。

　特にわが国では，道徳教育の推進者やその教育行政機関は，「教師が楽しくなければ，子どもも楽しくない」，「教師が道徳に好奇心をもてないと，子どもも道徳に好奇心をもてない」「教師が成長しなければ，子どもも成長しない」，そして何よりも「教師が輝かなければ，子どもも輝かない」，ということを肝に銘じてもらいたいものである。教育現場において，既成の社会の維持やそれへの適応にとどまるような内面的な道徳性ではなく，新しい持続可能な社会を築いていけるような，「感じ，考え，行動する」という積極的で創造的な道徳性を育むような道徳教育の出現を期待したい。　　　　　　　【吉田　武男】

注

（1）　たとえば，佐藤学『教育改革をデザインする』岩波書店，1999年，52頁。
（2）　中井孝章「教師の役割性の再認識」『教職研修』Vol.30-5，教育開発研究所，2002年，128頁。
（3）　今津孝次郎「心の教育」今津孝次郎・樋田大二郎編『続・教育言説をどう読むか―教育を語ることばから教育を問いなおす―』新曜社，2010年，162-163頁。
（4）　文部科学省ホームページ（http://www.mext.go.jp/a_menu/shotou/seitoshidou/04121502/026.htm）（2010.4.20）
（5）　吉田武男・藤田晃之編著『教師をダメにするカウンセリング依存症―学級の子どもを一番よく知っているのは担任だ！―』明治図書，2007年，141-142頁。
（6）　財務省ホームページ（http://www.mof.go.jp/jouhou/syukei/sy160622/1606d_19.pdf）（2010.4.20）
（7）　佐藤学，前掲書，31-33頁。
（8）　(1)「生命を尊び，健康を増進し，安全の保持に努める。」
　　　(7)「正を愛し不正を憎み，勇気をもって正しい行動をする。」
　　　(20)「広い心で人の気持ちや立場を理解し，人の過ちをも許す。」
　　　(24)「社会の一員としての自覚をもって，公共物を大切にし，公徳を守る。」
　　　（詳細については，1977（昭和52）年版の学習指導要領を参照。）
　　　敢えて(1)についても簡潔に指摘すれば，自他の生命を尊ぶという，人間としてきわめて重要でかつ基本的な価値的内容が，1977（昭和52）年版では，道徳教育の内容の筆頭に示されていたが，1989（平成元）年版では，四つの区分によって，3番目の区分「自然や崇高なものとのかかわりに関すること」という，壮大で抽象的なところに移された。自殺やいじめ問題に道徳教育的に対処するうえで，自他の生命を尊ぶという最も重要な道徳的な内容が，日常性を断ち切られて「自然や崇高なものとのかかわり」に組み入れられてしまったことは，道徳教育にとって愚行以外の何ものでもない。
（9）　トニー・ディヴァイン他（上寺久雄監訳）『「人格教育」のすすめ―アメリカ教育改革の新しい潮流―』コスモトゥーワン，2003年，42頁。
（10）　柴田義松編『現代の教育危機と総合人間学』学文社，2006年，32頁。
（11）　篠原清昭・笠井尚・生嶌亜樹子『現代の教育法制』学文社，2010年，110-112頁，を参照。
（12）　たとえば，高橋哲哉『「心」と戦争』晶文社，2003年，三宅晶子『「心のノート」を考える』岩波ブックレット，2003年，小沢牧子・長谷川孝編著『『心のノート』を読み解く』かもがわ出版，2003年，柿沼昌芳・永野恒雄編著『『心のノート』研究』批評社，2003年，岩川直樹・船橋一男編著『『心のノート』の方へは行かない』寺子屋新書，2004年，島村輝『『心のノート』の言葉とトリック』つなん出版，2005年，などである。
（13）　勝部真長『道徳教育―その思想的基底―』大日本出版，昭和34年，21頁（貝塚茂樹

監修『戦後道徳教育文献資料集19』日本図書センター，2004年，所収）。
(14)　「戦後日本教育史料集成」編集委員会編『戦後日本教育史料集成』第３巻，三一書房，1983年，187頁。
(15)　『中等学校・青年学校　公民教師用書』文部省，3頁。
(16)　勝部真長，前掲書，7-10頁。
(17)　若月秀夫編『品川発「市民科」で変わる道徳教育』教育開発研究所，2009年，13-14頁。
(18)　勝部真長，前掲書，14頁。
(19)　同書，同頁。
(20)　同書，16頁。
(21)　同書，21頁。
(22)　Steiner, R., *Der Goetheanumgedanke inmitten der Kulturkrisis der Gegenwart*, Dornach, 1961, S. 290.
(23)　Steiner, R., *Erziehungskunst. Methodisch-Didaktisches*, Dornach, 1975（Tb.），S.107.
(24)　サミュエル・ハンチントン（鈴木主税訳）『文明の衝突』集英社，1998年，58-61頁。

参考文献
大森与利子『「臨床心理学」という近代－その両義性とアポリア－』雲母書房，2005年
小沢牧子『「心の専門家」はいらない』洋泉社，2002年
新保真紀子『子どもがつながる学級集団づくり入門－若いせんせいに送るラブレター－』明治図書，2007年
日本道徳教育学会編『道徳教育入門－その授業を中心として－』教育開発研究所，2008年
日本NIE学会編『情報読解力を育てるNIEハンドブック』明治図書，2008年
橋爪大三郎『「心」はあるのか』筑摩書房，2003年
福田弘『なぜ今，人権教育が必要なのか？』（社）千葉権人権啓発センター，2008年
吉田武男『発想の転換を促すシュタイナー教育名言100選』学事出版，2001年
吉田武男『シュタイナーの人間形成論－道徳教育の転換を求めて－』学文社，2008年
吉田武男・田中マリア・細戸一佳『道徳教育の変成と課題－「心」から「つながり」へ－』学文社，2010年

索　引

あ

アイデンティティ　107, 116, 175
新しい人格教育　61, 89-91, 94
荒木紀幸　138
アリストテレス　8, 9, 11-20, 22, 23, 25-27, 29-31, 43-45, 47, 51
アレテー（徳，卓越性）　7, 10, 18, 23, 24, 54
生きる力　3, 58, 59, 109, 119, 120, 134
石田梅岩　174
伊藤啓一　87
井上円了　34, 35, 39
井上哲次郎　33-35, 41
岩田靖夫　19
宇佐美寛　70
エシックス（倫理）　7, 8, 10, 12, 14, 24, 25, 32, 34-39, 42, 49, 50
エトス（習慣）　11, 12, 21-29, 31, 54
エートス（性格的特質）　11-13, 23, 26, 54
NIE　150-152, 176
江橋照雄　68
エリクソン, M. H.　168, 175
遠藤昭彦　112
大きな物語　71
荻生徂徠　174

か

カウンセラー　119, 121, 126, 127
カウンセリング　75, 76, 82, 84, 95, 118, 119, 121, 124-128, 130
カウンセリングマインド　121, 126
可逆性の原理　90, 98
学習指導要領　3, 27, 43, 47, 60, 65, 86, 87, 93, 94, 104, 105, 107, 109, 117, 119, 120, 128, 130, 134, 136, 141, 159, 160, 162-165, 170, 173, 174
隠れたカリキュラム　156
カーシェンバウム, H.　75
価値創造型　86, 87
価値相対主義　137
価値伝達型　85-87
価値の明確化　61, 62, 71, 74-76, 78-80, 82, 84, 85, 89, 94, 95, 97, 136, 137, 139, 144
勝部真長　92, 147-150, 166, 167
河合隼雄　119
川本隆史　7, 8, 33, 49
カント, I.　44
キー・コンピテンシー　109, 174
木田宏　118
キャリア教育　163
教育基本法　58, 86, 160, 163
教育再生会議　58, 60, 135
構成的グループ・エンカウンター　61, 63, 71, 82-85, 95, 169
公正な共同体　81
高度専門職業人　110
国民道徳　35, 39, 41, 42
心の教育　116-118, 120-122, 124, 136, 139
心のケア　121, 123, 124
心のノート　93, 117, 134, 136, 139-143, 145-147, 159, 165, 166
個性　43, 45-47, 50, 51, 118, 122, 174
　——重視　45, 47, 118, 120, 130, 134, 136
個体還元論　116, 121
子安宣邦　35
コールバーグ, L.　79-81, 101, 107, 111, 137-139

さ

佐藤学　126, 128
参加体験型学習　154, 156
自己実現　116, 122, 123, 137, 167, 168
自己の生き方　60, 105, 109
シティズンシップ教育　156, 157, 173
柴田義松　140
シミュレーション　99
市民科　157, 158, 173
社会性　43-45, 47, 51, 122, 174
ジャスト・コミュニティ・アプローチ　139
自由ヴァルドルフ学校　172
修身　34, 35, 37-42
修身教育　64
シュタイナー, R.　172
省察　49
新自由主義　118, 122-124, 157
心情把握型　92
　——の道徳授業　65-67, 69-71
進歩主義教育　72, 80
心理主義　139, 141, 146, 147, 149, 151, 152, 156,

165, 166, 167, 168, 169, 170, 171, 176
心理主義化　116, 117, 121, 124, 125, 128, 130, 134-137, 139, 140, 142-145, 147, 148, 150, 158, 165, 168
スキル・トレーニング　84, 99
スクールカウンセラー　119, 121, 123, 125-127
セルフ・アサーション・トレーニング　83, 99
ソーシャル・スキル・トレーニング　83, 99
ソーシャルワーカー　121

た

体験活動　82
第三の道　62, 63, 87, 109
高田三郎　11, 13
脱構築　87
小さな物語　71
トゥーゲンハット，E.　12, 13
ドゥルーズ，G.　102
デューイ，J.　25, 72-74, 92, 105, 111, 112
デリダ，J.　86
統合的道徳教育　87, 88
道徳教育推進教師　135
道徳性発達理論　80, 107
道徳的実践　79, 82, 84, 86, 104-106, 116, 117, 153
道徳的実践力　60, 74, 104, 116, 117
道徳的雰囲気　153
道徳の時間　3, 8, 64, 65, 92, 107, 115-117, 128, 129, 138-140, 147-152, 156, 158-163, 165-169, 171-173, 176
特別活動　104, 106, 110

な

西村茂樹　35, 36, 39
日本文化の時間　173-176
人間形成　17, 20, 26, 29, 30, 31, 44, 50, 52, 54
人間としての在り方　61
人間の生き方　105, 109
ノモス（法律）　20-22, 29

は

パイデイア（教育）　20, 26, 52
ハイデガー，M.　32
ハーミン，M.　136
ピア・カウンセリング　128
ピアジェ，J.　79, 107
ピュシス（本性）　15-17, 24-31, 44, 52, 53

ファミリーフォーカス　151
福田弘　153, 155
ブーバー，M.　168
普遍性の原理　91, 98
プラグマティズム　73
プラトン　8, 9, 14, 18-21, 31, 35
フランクル，V. E.　168
フレンケル，J. R.　100
フロイト，S.　168
ベルクソン，H.-L.　173
ヘルバルト主義　63, 64, 72
ポリス（国家）　14-22, 26, 27, 29-31, 47, 48
ポリティコン・ゾーオン（ポリス的動物）　15-19, 21, 22, 29, 43, 44

ま

マズロー，A. H.　167, 168, 175
学びの共同体　128
宮本健市郎　45, 46
本居宣長　174
モラル（道徳）　7, 8, 10, 12, 14, 21, 29, 34-40, 42, 43, 49-54
モラル・ジレンマ　79-81, 85, 89, 90, 94, 97, 100
　　――授業　136-139, 151
　　――・ディスカッション　61, 62-63, 71, 74, 79, 82, 85, 95, 136
森有礼　38, 39
森喜朗　118
諸富祥彦　76
問題解決型の道徳授業　74, 92-95, 99-101
問題解決能力　64

や

役割演技　84, 92, 103
行安茂　100
豊かな人間性　58, 59
ゆとり　3, 119, 129
　　――教育　120, 129, 134

ら

来談者中心療法　78
ライフ・スキル・トレーニング　83
ライフ・ライン計画　162
ラス，L. E.　74
リコーナ，T.　90
臨時教育審議会　118, 130
　　――答申　119
臨床心理学　115, 118, 121, 126, 128, 167

臨床心理士　118, 121, 125-127
倫理学　33, 35
ルソー, J.-J.　44, 47
ロゴス（言葉，理）　27-31
ロジャース, C. R.　77

わ

鷲田清一　50
和辻哲郎　7, 30-33

〔著者紹介〕

吉田　武男（よしだ　たけお）

筑波大学大学院教授
筑波大学大学院博士課程単位取得退学　博士（教育学，筑波大学）
関西外国語大学講師・助教授，高知大学助教授を経て現職
学会活動：日本道徳基礎教育学会理事，日本家庭教育学会理事　ほか
主要著書・論文：
　『シュタイナー教育を学びたい人のために－シュタイナー教育研究入門－』協同出版，1997 年（単著）
　『教職教養のための同和教育の基礎』協同出版，1997 年（単著）
　『発想の転換を促すシュタイナー教育名言 100 選』学事出版，2001 年（単著）
　『道徳教育の転換を求めて－』学文社，2008 年（単著）
　『スピリチュァリティ教育のすすめ－「生きる意味」を問い「つながり感」を構築する本質的教育とは－』PHP 研究所，2009 年（共著）
　『シュタイナーの変成と課題－「心」から「つながり」へ－』学文社，2010 年（共編著）
　「シュタイナーの教育論における『臨床の知』－教師と子どもとの関係性に着目して－」日本教育学会『教育学研究』第 69 巻，第 3 号，2002 年（単著）

相澤　伸幸（あいざわ　のぶゆき）

京都教育大学准教授
東北大学大学院教育学研究科博士後期課程修了　博士（教育学，東北大学）
日本学術振興会特別研究員，旭川大学女子短期大学部講師を経て現職
学会活動：教育哲学会，日本ゲーテ協会編集委員　ほか
主要著書・論文：
　『教育学の基礎と展開（第 2 版）』ナカニシヤ出版，2007 年（単著）
　『多元的文化の論理』東北大学出版会，2005 年（共著）
　「18 世紀の教育思想における発達概念の分化」日本ヘルダー学会『ヘルダー研究』第 13 号，2007 年（単著）　ほか

柳沼　良太（やぎぬま　りょうた）

岐阜大学教職大学院准教授
早稲田大学大学院文学研究科博士後期課程単位取得退学　博士（文学，早稲田大学）
早稲田大学助手，山形短期大学専任講師を経て現職
学会活動：日本教育学会，教育哲学会，日本道徳教育学会　ほか
主要著書・論文：
　『プラグマティズムと教育－デューイからローティへ－』八千代出版，2002 年（単著）
　『問題解決型の道徳授業－プラグマティック・アプローチ－』明治図書，2006 年（単著）
　『ローティの教育論－ネオ・プラグマティズムからの提言－』八千代出版，2008 年（単著）
　『ポストモダンの自由管理教育論－スキゾ・キッズからマルチ・キッズへ－』春風社，2010 年（単著）
　『経験の意味世界をひらく－教育にとって経験とは何か－』東信堂，2003 年（共著）
　『教育の臨界－教育的理性批判－』情況出版，2005 年（共著）
　『道徳教育入門－その授業を中心として－』教育開発研究所，2008 年（共著）
　『問題解決型の道徳授業－事例集－』開成出版，2009（共著）

〔監修者紹介〕

小島 弘道 (おじま　ひろみち)

龍谷大学教授，京都教育大学大学院連合教職実践研究科教授，筑波大学名誉教授
東京教育大学大学院教育学研究科博士課程単位取得満期退学
神戸大学，奈良教育大学，東京教育大学，筑波大学，平成国際大学を経て現職
この間，モスクワ大学で在外研究
学会活動：日本教育経営学会理事・元会長，日本教育行政学会理事，日本学習社
　　　　会学会常任理事
主要著書：
　『学校と親・地域』東京法令出版，1996年
　『21世紀の学校経営をデザインする　上・下』教育開発研究所，2002年
　『教務主任の職務とリーダーシップ』東洋館出版社，2003年
　『校長の資格・養成と大学院の役割』東信堂，2004年（編著）
　『時代の転換と学校経営改革』学文社，2007年（編著）
　『教師の条件─授業と学校をつくる力─（第3版）』学文社，2008年（共著）
　『スクールリーダーシップ』（講座 現代学校教育の高度化7）学文社，2010年
　　（共著）

［講座 現代学校教育の高度化23］
学校教育と道徳教育の創造

2010年11月10日　第1版第1刷発行

　　　　　　　　　　　　　　　　　　監　修　小島　弘道
　　　　　　　　　　　　　　　　　　著　者　吉田　武男
　　　　　　　　　　　　　　　　　　　　　　相澤　伸幸
　　　　　　　　　　　　　　　　　　　　　　柳沼　良太

発行者　田中　千津子　　〒153-0064　東京都目黒区下目黒3-6-1
　　　　　　　　　　　　電話　03（3715）1501（代）
発行所　株式会社 学文社　FAX　03（3715）2012
　　　　　　　　　　　　http://www.gakubunsha.com

　©T. Yoshida/N. Aizawa/R. Yaginuma 2010　　　印刷　新灯印刷
　乱丁・落丁の場合は本社でお取替えします。　　製本　小泉企画
　定価は売上カード，カバーに表示。

ISBN 978-4-7620-2108-4

講座 現代学校教育の高度化

（小島 弘道 監修）

各巻：Ａ５判上製，180～200頁

〈知識基盤テーマ群〉
『第 1 巻　現代の教育課題』
『第 2 巻　現代教育の思想』
『第 3 巻　現代の教育政策・行政』
『第 4 巻　現代の教育法制』
『第 5 巻　「考える教師」—省察，創造，実践する教師—』
『第 6 巻　生涯学習と学習社会の創造』
『第 7 巻　スクールリーダーシップ』

〈学校づくりテーマ群〉
『第 8 巻　学校づくりと学校経営』
『第 9 巻　学校づくりとカリキュラム開発・マネジメント』
『第 10 巻　学校づくりと安全・危機管理』
『第 11 巻　学校づくりとスクールミドル』
『第 12 巻　学校づくりの組織論』
『第 13 巻　学校づくりと学校評価』
『第 14 巻　学校づくりと家庭・地域社会』
『第 15 巻　学校づくりと予算・財務』

〈教育実践テーマ群〉
『第 16 巻　授業づくりと学びの創造』
『第 17 巻　学校教育と学級・ホームルーム経営の創造』
『第 18 巻　学校教育と生活指導の創造』
『第 19 巻　学校教育と教育カウンセリングの創造』
『第 20 巻　学校教育とキャリア教育の創造』
『第 21 巻　学校教育と特別支援教育の創造』
『第 22 巻　学校教育と国際教育の創造』
『第 23 巻　学校教育と道徳教育の創造』
『第 24 巻　学校改善と校内研修の設計』
『第 25 巻　学校教育と国民の形成』

〈教育内容テーマ群〉
『第 26 巻　リテラシー実践と国語教育の創造』
『第 27 巻　数学的リテラシーと数学教育の創造』
『第 28 巻　社会参画と社会科教育の創造』
『第 29 巻　科学的リテラシーと理科教育の創造』
『第 30 巻　リテラシーを育てる英語教育の創造』